ओह अमेरिका!

(व्यंग्य नाटक)

ओह अमेरिका!

दया प्रकाश सिन्हा

वाणी प्रकाशन

वाणी प्रकाशन

4695, 21-ए, दरियागंज, नयी दिल्ली 110 002

फ़ोन : +91 11 23273167 फ़ैक्स : +91 11 23275710

शाखाएँ

अशोक राजपथ, पटना 800 004, बिहार

कॉफ़ी हाउस कैम्पस, महात्मा गांधी मार्ग, इलाहाबाद 211 001, उत्तर प्रदेश

महात्मा गांधी अन्तरराष्ट्रीय हिन्दी विश्वविद्यालय, वर्धा 442 001, महाराष्ट्र

www.vaniprakashan.in
marketing@vaniprakashan.in
sales@vaniprakashan.in

OH AMERICA!
by Daya Prakash Sinha

ISBN : 978-81-8143-312-1
Play

प्रथम संस्करण 1973
द्वितीय संस्करण 2005
तृतीय संस्करण 2018

मूल्य : ₹ 150

एम.एस. प्रिंटर्स, दिल्ली-110 095 में मुद्रित

वाणी प्रकाशन का लोगो मक़बूल फ़िदा हुसेन की कूची से

प्रथम प्रस्तुति

'संकेत' लखनऊ द्वारा *'ओह अमेरिका'* की उद्घाटन प्रस्तुति 29 अगस्त, 1973 को रवीन्द्रालय, लखनऊ में मंचस्थ की गई, जिसमें निम्नलिखित कलाकारों ने भाग लिया :–

वृद्ध	:	मुमताज अली
चौधरी	:	विजय कपूर
चौधरी की पत्नी	:	नीना सॉलोमन
हक़ीम	:	अजीज़ अहमद
हक़ीम का सहायक	:	अनिल बाँके
विवेक	:	अनिल सक्सेना
जय किशन	:	कैलाश सक्सेना
पंडित	:	राज नारायण
बहू	:	दीपमाला प्रसाद
श्यामलाल	:	जीत जरधारी
समीर (सैम)	:	अशोक शर्मा
रमेश (रैम)	:	विजय तिवारी
माधुरी (मार्था)	:	मेहरू जाफ़र
जया (जैकी)	:	प्रीता चैटर्जी
हिप्पीदल	:	बाबू, डेविड, अनुप्रिया सक्सेना, शहीन जाफ़र

निर्देशक

के.बी. चन्द्रा

प्रथम संस्करण की भूमिका

अभी हाल ही में 'इतिहास–चक्र' को मंचस्थ किया था। एक बार फिर कान पकड़े और नाटकों की मंच–प्रस्तुति से दूर रहने की वह शपथ जो हर बार हर नाटक की मंच प्रस्तुति के बाद ग्रहण रहता था दोहराई। हर बार नाटक की तैयारी, पूर्वाभ्यास और मंच–प्रस्तुति के दौरान जो कटुता, हताशा, निराशा, तिक्तता, चिन्ता, झुंझलाहट आक्रोश, खीझ अनुभव होती थी, उसकी पुनरावृत्ति एक बार फिर हुई। यह अनुभव मेरा अपना अकेला, नहीं है। इस अनुभव से प्रत्येक अव्यावसायिक रंगकर्मी–निर्देशक तथा निर्माता को गुजरना पड़ता है। यह अनुभव अव्यावसायिक रंगमंच का अनिवार्य अंग है। इस असहनीय परिस्थिति में भी अव्यावसायिक संस्थायें नाटक मंचित करती हैं– यह तथ्य अपने आप में एक उपलब्धि है, चाहे नाटक का स्तर कैसा ही हो। इसके लिऐ व्यक्ति नहीं, व्यवस्था उत्तरदायी है।

नाटक के चुनाव के पश्चात ही बाधाओं, समस्याओं और अवरोधों का एक सिलसिला शुरु हो जाता है। पूर्वाभ्यास के लिए स्थान, प्रश्नचिन्ह बनकर पहले उभरता है। लाखों रुपये लगाकर, सरकार ने तथा सेठाश्रित संस्थाओं ने प्रेक्षागृहों का तो निर्माण करवा दिया है (वह भी केवल महानगरों में) किन्तु केवल कुछ हजार लगाकर पूर्वाभ्यास कक्षों के निर्माण का ख्याल किसी को नहीं आया। इसके फलस्वरूप नाट्य-मंडलियों को पूर्वाभ्यास के लिए उपयुक्त स्थान उपलब्ध नहीं होता। विवश होकर किसी स्कूल के कमरे में, किसी दफ्तर में–फाइलों, आफिस फर्नीचर के बीच, गर्मियों में किसी मकान की छत पर पूर्वाभ्यास करना पड़ता है। और

उसके लिए कितनों की विनती करनी पड़ती है, कितनों से सिफारिश करवानी पड़ती है, किन–किन क्षेत्रों से दबाव डलवाना पड़ता है, कितनों का एहसान लेना पड़ता है–यह अपने आप में ऐसी जिल्लत और अपमानमपूर्ण परिस्थिति है कि अगर नाटक का जादू सर पर ही न चढ़ा हो, तो कोई आत्मभिमानी इसके लिए तैयार नहीं होगा।

रिहर्सल के पश्चात, प्रेक्षागृह की समस्या मुंह खोले निगलने को तैयार खड़ी दिखाई पड़ती है। समुचित सुविधा–संपन्न प्रेक्षागृह इतने कम हैं, कि उनको प्राप्त करने के लिए छः महीनों से एक वर्ष पूर्व की अग्रिम योजना आवश्यक है। कोई भी नाट्य–मंडली, यदि वह वास्तविक शब्दों में अमेच्योर या शौकिया है, तो इतनी लंबी अग्रिम योजना नहीं बन सकती। यह तथ्य किसी भी रंगकर्मी के अमेच्योर–ज़ील (शौकिया उत्साह) पर पानी डालने के लिए पर्याप्त है।

प्रेक्षागृहों का किराया भी नजर अन्दाज नहीं किया जा सकता। महानगरों में प्रेक्षागृहों का क़िराया छः सौ से आठ सौ रुपये तक है, प्रतिदिन एक प्रदर्शन के लिए। उसी दिन अतिरिक्त प्रदर्शन के लिए अतिरिक्त शुल्क होता है। इस प्रकार दो प्रदर्शन और एक रिहर्सल के लिए प्रेक्षागृह के किराये की धनराशि ही हजार रुपये हो जाती है, जबकि नाटकों के टिकट बिकते नहीं। ऐसे में इस राशि का जुटा पाना शौकिया रंगमंच के लिए कितना कठिन है, इसका अनुमान सहज ही हो सकता है। दिल्ली की प्रतिष्ठि नाट्य–संस्थायें भी, जो इस क्षेत्र में दस–पन्द्रह सालों से क्रियाशील है, (कुछ अपवादों को छोड़कर), अपने टिकट नहीं बेच पाती है। उनके प्रदर्शन में टिकट खरीदकर आने वाले केवल तीस-चालीस होते हैं। इस स्थिति में संस्था चलाये रखना केवल जीवट और साहस का काम है–जो सब में नहीं होता।

कुछ संस्थाएं, नाटक प्रस्तुति के अवसर पर, धन संग्रह के उद्देश्य से ब्रोशर अथवा स्मारिका प्रकाशित करती हैं। किन्तु विज्ञापन भी तो अपने आप नहीं मिलते। विज्ञापन प्राप्त करने के लिऐ प्रभाव चाहिए। यह 'प्रभाव' जोड़–तोड़ करके एक बार प्राप्त किया जा सकता है, दो बार प्राप्त किया जा सकता है, उससे अधिक नहीं। 'प्रभाव' भी अधिक उपयोग के पश्चात प्रभावहीन हो जाता है। तब शौकिया संस्थाएं किस

तरह चलें? कहाँ से नाटकों के लगातार प्रदर्शन के लिए धन-उपलब्ध हो?

कुछ सरकारी और अर्ध–सरकारी संस्थाएं अनुदान देती है। इन संस्थाओं के पास प्रायः धन की सीमित राशि होती है जिससे सब नाट्य–संस्थाएं लाभान्वित नहीं हो सकतीं। फिर जैसा जीवन के हर क्षेत्र में है, प्रभाव पद, सत्ता, महत्वपूर्ण संबंध, दलवाद इत्यादि यहाँ भी, निर्णायक सिद्ध होते हैं। केवल कुछ संस्थाओं को ही विभिन्न स्त्रोतों से बराबर लाभ होता है, और अधिकांश संस्थाएं अपने दुर्भाग्य को रोती, कोसती रह जाती हैं।

परिणामस्वरुप शौकिया संस्थाएं, बड़े उत्साह और आशा से स्थापित होती है। दो–एक वर्ष में आयोजकों का स्मारिका के लिए विज्ञापन प्राप्त करने का प्रभाव क्षीण हो जाता है। किसी स्त्रोत से संस्था को चलाये रखने के लिए अनुदान मिलता नहीं, टिकट बिकते नहीं, रिहर्सल्ज़ के लिए स्थान उपलब्ध नहीं होता, और प्रेक्षागृह भी मुश्किल से ही खाली मिलता है। इन सब झमेलों को झेलते-झेलते आयोजक का जीवट बोल जाता है, उत्साह ठंडा पड़ जाता है। कर्ज चढ़ जाता है और तब वह बिल्कुल बैठ जाता है। यही कारण है कि दस–पन्द्रह नाट्य–संस्थाएं प्रतिवर्ष बनती हैं और बिगड़ती हैं।

आज हिन्दी क्षेत्र में एक भी व्यावसायिक नाट्क–मंडली नहीं है, जबकि क्षेत्रीय भाषाओं में इनता अभाव नहीं है। इसका स्पष्ट कारण है कि हिन्दी में शौकिया रंगमंच की शक्ति ही व्यावसायिक रंगमंच को जन्म दे सकती है, और स्तर प्राप्त कर सकती है। शौकिया हिन्दी की रंगमंच की जीवंतता पर हिन्दी रंगमंच का भविष्य निर्भर है। इसके लिए कुछ चुनी हुई संस्थाओं को अनुदान या व्यक्तियों को अध्ययन–वृत्ति या सम्मान अपर्याप्त ही नहीं, अनुपयुक्त भी है। इस पर हमें नये सिरे से सोचना होगा, नये लक्ष्य निर्धारित करने होंगे और उनको प्राप्त करने के लिए नई राहें तलाश करनी होगी।

क्या यह संभव नहीं कि कला पोषण में संलग्न सरकारी, अर्धसरकारी संस्थाएं नाममात्र के शुल्क पर रिहर्सलकक्ष, शौकिया संस्थाओं के लिए उपलब्ध करें? किसी संस्था को एकमुश्ता अनुदान न देकर, प्रेक्षागृहों के किरायें देखते हुए, विभिन्न शौकिया संस्थाओं की मंच–प्रस्तुतियों

पर व्यय किये गये प्रेक्षागृहों के किराये को अनुदान के रूप में दिया जाये? शौकिया नाट्य—मंडलियों की सामग्री इत्यादि रखने के लिये 'स्टोर' की व्यवस्था हो? किसी केन्द्रीय डिपो से वेशभूषा, दृश्य—बंध सामग्री, प्रकाश एवं ध्वनि यंत्र नाममात्र के किराये पर उपलब्ध हों। नाटक और रंगमंच संबंधी राष्ट्रीय संस्था, शौकिया संस्थाओं को पत्राचार द्वारा नाटकों के चयन और मंचन के विभिन्न पक्षों पर मार्गदर्शन करें?

जब तक अधिक से अधिक शौकिया संस्थायें सशक्त और क्रियाशील नहीं होतीं, तब तक हिन्दी का रंगमंच नहीं बन सकता। शौकिया संस्थाओं के द्वारा ही रंगमंच जन—साधारण में प्रवेश नहीं कर सकता है, और जन—रुचि में नाट्य—प्रेम स्थान प्राप्त कर सकता है। उंगलियों पर गिनी जाने वाली संस्थाएं यह कार्य नहीं कर सकतीं। वे विशाल सागर में कुछ चट्टानों या द्वीपों से अधिक नहीं हैं। संपूर्ण के संदर्भ में उनका अस्तित्व महत्वहीन और नगण्य है। यह अर्थपूर्ण रंगमंच जिसकी हिन्दी जगत को तलाश है, तभी अस्तित्वान होगा, जब मन—मानस के स्वीकार की गरिमा से भूषित होगा। इस संदर्भ में निर्णायक भूमिका, शक्तिशाली व्यापक शौकिया रंगमंच आन्दोलन की ही हो सकती है।

प्रथम मंच—उपस्थापन के पूर्व ही नाटक अभिनीत हो चुका होता है—नाटककार के मस्तिष्क में सृजन के एकांत क्षणों में अपने हर पात्र को स्वयं वह जीता है।

* * *

प्रथम मंच—उपस्थापन के पूर्व ही नाटक अभिनीत हो चुका होता है—नाटककार के मस्तिष्क में सृजन के एकांत क्षणों में अपने हर पात्र को स्वयं वह जीता है। पात्रों की चरित्रगत विशेषताओं और विवधताओं को उनकी गति और समूहन को, उनकी वेशभूषा और 'मैनरिज्म' को, उनकी आपसी टकराहट और प्रतिक्रियाओं को वह पहले स्वयं देखता और अनुभव करता है। उनको संवाद देने के पहले स्वयं बोलता है। दृश्यबंध तथा ध्वनि एवं प्रकाश प्रभावों को भी वह पहले ही निश्चित कर चुका होता है। इस प्रकार नाटककार, जब निर्देशक के रूप में उस नाटक को मंचस्थ करता है, तो प्रायः वही रूप देने का प्रयत्न करता है, जिसकी परिकल्पना उसने रचना के पूर्व की थी। यदि कोई अन्य व्यक्ति उस नाटक

का निर्देशक होता है, तब भी नाटककार अपेक्षा करता है कि उसकी कल्पना मंच-प्रस्तुति में मूर्त होगी। कुछ नाटककार तो इसके लिए निर्देशक से आग्रह करते हैं। किन्तु यह आग्रह, असलियत में दुराग्रह ही होता है। नाटककार के पश्चात, निर्देशक एक तरह से नाटक की दुबारा रचना करता है। इस अर्थ में प्रत्येक नाटक 'द्विज' होता है।

* * *

मेरा बाल्यकाल उस समय व्यतीत हुआ, जब भारतवर्ष पराधीन था। अंग्रेजी राज्य में सूरज नहीं डूबता था, और चढ़ती धूप–सा वह सबको चकाचौंध करता था। मुझे याद है कि अगर मेहमान वायदे के अनुसार समय से नहीं पहुंचते थे, तो बड़े लोग यही कहते थे–"हिन्दुस्तानी हैं! समय की पाबन्दी तो बस अंग्रेज जानता है।" एक साहब इंग्लैण्ड से घूम कर वापिस आये, तो उसे छोटे शहर में वह अजूबा बन गये थे। रास्ताा चलते लोग उनको प्रशंसा से देखते और बात करतें थे। मुझे आज भी याद है कि मैंने उनको किन आश्चर्य मिश्रित श्रद्धालु निगाहों से देखा था।

फिर आज़ादी के बाद, भारतीय मानस पर इंग्लैण्ड का स्थान अमेरिका ने ले लिया। युनिवर्सिटी में एक अध्यापक अंग्रेजी शब्द 'शेड्यूल' को अमरीकी ढंग से 'स्केड्यूल' उच्चारण करके जिस प्रकार गर्वित अनुभव करते थे, वह मैं अब तक नहीं भूल पाया हूँ। उस गर्व की परतों में कितनी दयनीयता रही होगी, इसका अनुमान भी किया जा सकता है।

फिर मुझे एक 'रुरल इण्डस्ट्रीयल प्रोजक्ट' में काम करने का अवसर मिला, जहाँ अन्तर्राष्ट्रीय संस्था के चार सफेद–चमड़ी के विशेषज्ञ सौभाग्ग (?) से मेरे सलाहकार थे। मैंने उनकी कार्य प्रणाली, उनके व्यक्तित्व, उनके आदर्शों, मूल्यों और व्यवहार को अत्यन्त निकट से जितना ही देखा, उतना ही आश्चर्यचकित हुआ। अयोग्यता, आपसी विद्वेष, व्यवहारिक तुच्छता और मूल्यहीनता में वह किसी भी हिन्दुस्तानी से बदतर ही थे। वर्षों की संजोई सुघड़ प्रतिमा टूट कर बिखर गई। पश्चिम का असली रूप यही है, तो हम इसकी उपासना क्यों करते हैं?

* * *

नाटक 'ओह अमेरिका' कहीं एकदम यथार्थवादी प्रतीत होता है, तो

कहीं एब्सर्ड, और कहीं 'फेन्टेसी' सा। मेरे कुछ विद्वान मित्रों का मत था कि यह दोष है। नाटक की बनावट या तो फेन्टेसी की होनी चाहिए, या फिर एब्सर्ड–नाटक की, अथवा यथार्थवादी नाटक की। मैं इसे नहीं मानता। आज नाटक का ही क्यों, सभी कलाओं और साहित्य का सर्वोपरि नियम है कि रचनात्मकता का कोई नियम नहीं। फिर नाटक में एब्सर्ड, फेन्टेसी और यथार्थ की कॉकटेल क्यों नहीं हो सकती?

* * *

'ओह अमेरिका' में एक चरित्र है विवेक। कायाहीन अन्तर्वाणी का कायिक पुनर्जन्म। वह देश काल निरपेक्ष है। वह सब समय, सब जगह मौजूद रहता है। वह सदा सबके साथ है और सबमें है। वह बोलता भी है, सलाह भी देता है। सत् और असत् का अन्तर बताता है। चेतावनी देता है। कभी-कभी कटाक्ष करता है। कभी उसकी बात सुनी जाती है। कभी कभी वह बोलता रहता है–लेकिन सुनकर अनसुना कर दिया जाता है। कभी उसकी आवाज दबा दी जाती है। कभी हमेशा के लिए शान्त कर दी जाती है।

* * *

सोफोक्लीज के नाटक 'इडिपस' के प्रारम्भ में ही लाइयस के हत्यारे का पता लगाने के लिए राजा इडिपस थिबीस के नागरिकों को बुलाता है, तो कोरस नागरिकों की भूमिका में प्रवेश करता है, और नाटक में अभिनेता की तरह भाग लेता है।

क्रियोन और इडिपस की कहा–सुनी में कोरस दर्शकों की भावना प्रतिध्वनित करता हुआ कहता है–"बस, बस, बहुत हो गया सज्जनों। वह आ रही है–महारानी जोकास्ता। वह झगड़े को निपटा सकेगी।" इस प्रकार यूनानी नाटकों में कोरस दर्शकों और अभिनेताओं के बीच सेतु भी होता था।

इडिपस नाटक के अंत में नाटक पर टिप्पणी करते हुए घोषणा करता है कि परम प्रतापी राजा इडिपस की दुःख गाथा यह संदेश देती है कि मनुष्य तब तक सुखी नहीं कहा जा सकता जब कि वह सुख अपनी मृत्यु तक नहीं ले जाता। इस प्रकार ग्रीक नाटकों में कोरस की स्पष्ट तीन भूमिकायें थी–

प्रथम—अभिनेता की, द्वितीय—प्रबन्धक या अभिनेताओं और प्रेक्षकों के बीच सेतु की, तथा तृतीय—नाटक में निहित नाटककार के सन्देश के निष्पक्ष टिप्पणीकार (नेरेटर अथवा कमन्टेटर) की।

लगभग कोरस का प्रतिरूप सूत्रधार, संस्कृत नाटकों में मिलता है जिसकी व्याख्या शरदातनय ने इस प्रकार की हैः—

सूत्रयन काव्यनिक्षिप्तवस्तुनेतृकथारसान।
नान्दीश्लोकेन नाद्यान्ते सूत्रधार इति स्मृतः।।

'ओह अमेरिका' का विवेक ग्रीक नाटकों के कोरस तथा संस्कृत नाटकों के सूत्रधार की ही प्रेरणा का परिणाम है, जो एक साथ नाटक में भाग लेता है, उन पर टिप्पणी करता है, तथा दर्शकों और प्रेक्षकों के बीच सेतु का भी काम करता है।

— दया प्रकाश सिन्हा

मई, 1973
बी.—255, सेक्टर 26
नोएडा—201301

द्वितीय संस्करण की भूमिका

आज जब मुड़ कर देखता हूँ तो अनुभव करता हूँ कि मेरे सब नाटक तत्कालीन परिस्थितियों से प्रेरित और प्रतिकृत हैं। उस समय जैसा मैंने, नितांत अपनी व्यक्तिगत मानसिकता के परिप्रेक्ष्य में, अनुभव किया उसने मेरी रचनात्मकता को प्रेरित किया और अगले नाटक का विषय बन गया।

'सांझ–सबेरा' मेरा प्रथम पूर्णाकार नाटक उस समय लिखा गया, जब मैं चौबीस-पच्चीस वर्ष का था। नई पीढ़ी का गर्म खून पुरानी पीढ़ी की सब मान्यताओं को उखाड़ फेंकने को आतुर था। साथ ही पारिवारिक पृष्ठभूमि ने मुझे युगीन और शाश्वत मूल्यों का अन्तर भी समझाया था। इसीलिए *'सांझ–सबेरा'* का नायक *'एंग्री यंगमैंन'* निखिल अन्त में आस्था में नतमस्तक दिखाई देता है।

इतिहास मेरे एम.ए. का विषय था, किंतु उन दिनों मुझे मनोविज्ञान के प्रति रूचि जागृत हुई थी। फ्रायड, युंग, एडलर का साथ लगभग एक वर्ष तक रहा। उसका परिणाम है नाटक – *'मन के भवर'*। एक ऐसे मनोवैज्ञानिक की त्रासदी, जो दूसरों के लिए मनोचिकित्सक है, किन्तु स्वयं भी मनोपीड़ित है।

इलाहाबाद में मेरी 'पोस्टिंग' के दौरान सांप्रदायिक दंगा हुआ। मुझे उसे बहुत ही निकट से देखने का अवसर प्राप्त हुआ। और 1971 में पाकिस्तान ने भारत पर आक्रमण किया। सांप्रदायिक दंगा और पाकिस्तान का आक्रमण, इन दो तथ्यों ने मिलकर *'मेरे भाई : मेरे दोस्त'* नाटक की रचना की।

छठे दशक के अन्तिम वर्ष में मेरा स्थानान्तरण इलाहाबाद से दिल्ली

हुआ। छोटे शहर से बड़े शहर में आना ही अपने आप में एक सांस्कृतिक आघात होता है। फिर मुझे *'सादर आपका'* की नायिका 'रेखा' से एक नाटक के रिहर्सल के दौरान भेंट हुई। उसकी कहानी किसी भी महानगर की अति-महत्वाकांक्षी युवती की कहानी थी, जो दुनिया की चमक-दमक में चौंधिया जाती है। उसे पाने की आतुरता में वह कुछ भी कर सकती है। कोई भी मर्यादा या वर्जना उसकी चौंधियायी आंखों से दिखाई नहीं पड़ती। और उसकी कहानी पर लिखा गया *'सादर आपका'*।

सातवें दशक में हिप्पी-कल्ट अपनी उठान पर था। दिल्ली में मध्यम वर्ग के लड़के-लड़कियों में हिप्पी जैसा दिखाई पड़ना एक स्टेटस-सिम्बल और अति-आधुनिकता का पर्याय बनने लगा था। उन्हीं दिनों मैंने जनपथ पर एक हिन्दुस्तानी लड़की को देखा जो जांघों तक ऊंचा हॉट-पैंट पहने थी। उसकी चोली भी बस नाम-मात्र की थी। जितनी छोटी हो सकती थी, उतनी छोटी थी। तरह-तरह की मालाओं के हार—गले और कमर में लपेटे, उलझे बालों वाली वह हिन्दुस्तानी लड़की एक अमरीकन लड़की को देख रही थी, जो ऊपर से नीचे तक कपड़ों से ढकी थी। वह साड़ी पहने थी, जिसे उसने चारों ऐसे लपेट रखा था, जिससे शरीर कहीं से भी न दिखाई पड़े। शायद चन्दन का लेप भी था उसके माथे पर। वह अमरीकन लड़की भी, हिन्दुस्तानी हिप्पी को ग़ौर से देख रही थी। वे दोनों एक दूसरे को देख रहीं थीं और मैं उन दोनों को। जैसे समय रुक गया। पूरब और पश्चिम का यह आमना-सामना अभूतपूर्व था। दृश्य की नाटकीयता ने मेरी रचनात्मकता को कुरेदा। उसका प्रतिफल है नाटक *'ओह अमेरिका'*।

*   *   *

नाटक अमरीका विरोधी नहीं है। यह नाटक विरोध करता है उन तमाम विवेकहीन भारतीयों का, जिनके दिल-दिमाग़ में अभी भी हज़ार सालों की गुलामी मौजूद है। हज़ार साल की गुलामी उनकी हड्डियों में जम गई है, उनके खून में बहती है। हीन भावना से ग्रस्त ये लोग हर विदेशी चीज़-विचार और पदार्थ के पीछे भागते हैं। अपनी बुद्धि और विवेक को गिरवी रख कर अंधी नक़ल करते हैं। ये नाटक इन रीढ़-विहीन लोगों का 'केरीकेचर' (विकृत चित्र) है।

*   *   *

दिल्ली में जब मैंने यह नाटक स्वयं निर्देशित किया था, तो स्वाभाविक रूप से नाटक देखने का निमंत्रण अपने एक बुजुर्ग पड़ोसी को दिया जिनके तीन बेटे लंदन में रहते थे। संयोग से वे भी उन दिनों छुट्टी बिताने आये हुए थे। उन्होंने नाटक में आने का वादा किया और मुझे नाटक की सफलता के लिए शुभ-कामनाएँ भी दीं।

नाटक के पूर्व, पूरा परिवार मुझे प्रेक्षागृह में बैठा दिखाई पड़ा। उन्होंने भी मुझे देखा। हाथ उठाकर, मुस्कुराते चेहरों से उन्होंने मुझसे अपनापा व्यक्त किया। थोड़ी देर बाद प्रेक्षागृह में अंधकार हुआ और फिर मंच पर नाटक प्रारंभ हुआ।

मध्यान्तर के बाद जब पुनः प्रेक्षागृह में प्रकाश हुआ, तो थोड़ी देर बाद मेरी निगाहें उधर गईं, जहाँ मेरे पड़ोसी-मित्र का परिवार बैठा था। वह सब जा चुके थे। उनकी कुर्सियाँ खाली पड़ी थीं।

क्यों चले गये सबके सब? ऐसा क्या था इस नाटक में?

मेरे पड़ोसी के चार लड़कों में से तीन लड़के लंदन में रहते थे। वहीं नौकरी करते थे। शायद बहुत बड़ी नहीं, यों ही कोई छोटी-मोटी। फिर भी जब वह हिन्दुस्तान आते थे, तो शायद अपने आपको सामान्य हिन्दुस्तान में रहने वाले हिन्दुस्तानियों से भाग्यवान और बेहतर समझने के भाव से सदा ग्रस्त रहते थे। ऐसा कहते तो नहीं थे, फिर भी यह उनकी हर बात में झलकता था, हर बात से झड़ता था। एक बार वह तीनों भाई अचानक बहुत गुस्से में थे। मैं उनके घर पहुँचा तो वह मुझ पर बरस पड़े – यह इंडिया को क्या हो गया है? मैं सकपका गया। आगे बातों में पता चला कि उसी दिन अख़बारों में एक ख़बर छपी थी कि भारत सरकार ने आदेश ज़ारी किया है कि भारत के प्राइम मिनिस्टर के लिए 'प्रधान मंत्री' शब्द का प्रयोग होगा। इसी ने पड़ोसी के लंदनवासी तीन बेटों का पारा बढ़ा दिया। उनका तर्क था कि हिन्दी 'इंडिया' को ले डूबेगी। अब भला इंगलैंड का पी.एम. कैसे समझेगा कि प्रधानमंत्री के माने हैं प्राइम मिनिस्टर – उनका तर्क था। भारत की गंदगी, पिछड़ेपन, टूटी सड़कें, भारतीयों के टुच्चापन, रिश्वतख़ोरी, बेईमानी आदि की अनेक मिसालों और कहानियों के बीच कहीं उनके मुँह से निकला था – "दिस ब्लडी इंडिया"।

शायद इसी भावभूमि के कारण हमारे पड़ोसी परिवार को लगा हो कि यह नाटक उन्हीं पर है। उनका ही उपहास कर रहा है। और वे इसे सहन नहीं कर सके। नाटक की नक़ली 'टीन की तलवार' असली लोहे की तलवार से ज़्यादा गहरा जख़्म करती है। इसी को सिद्ध करते हुए बिना पूरा नाटक देखे ही वह बीच में भाग गए। यह घटना नाटक की आघातशक्ति और प्रभाव को रेखांकित करती है। इस घटना ने मुझे इस नाटक की गुणात्मकता और रचनात्मकता के प्रति बहुत आश्वस्त किया। मैं इसकी संरचना के स्तर पर भी संतुष्ट हूँ, क्योंकि यह दर्शकों के साथ सफलतापूर्वक अपनी बात पहुंचाने में समर्थ हैं, जो किसी भी रचनात्मक कृति की सफलता की पहली शर्त है।

– दया प्रकाश सिन्हा

जनवरी, 2005
बी.–255, सेक्टर 26
नोएडा–201301

ओह अमेरिका

पात्र

विवेक	सूत्रधार
चौधरी	आयु 60 वर्ष
वृद्ध	आयु 55 वर्ष
बैद्य	आयु 60 वर्ष
बैद्य का सहायक	आयु 30 वर्ष
अम्मा	आयु 50 वर्ष
मुन्ना	आयु 25 वर्ष
पंडित रामायण	आयु 55 वर्ष
जयकिशन	आयु लगभग 30 वर्ष
श्यामलाल	आयु लगभग 25 वर्ष
समीर (सैमी)	आयु 21 वर्ष
रमेश (रैमी)	आयु 21 वर्ष
पत्नी	आयु 22 वर्ष
जया (जैकी)	आयु 19 वर्ष
माधुरी (मार्था)	आयु 19 वर्ष

ओह अमेरिका! : 'श्यामलाल' (दया प्रकाश सिन्हा) तथा 'पत्नी' (नीना गुप्ता)

ओह अमेरिका! : 'पत्नी' (दीपमाला प्रसाद) तथा 'श्यामलाल' (जीत जरधारी)

ओह अमेरिका! : 'मार्था' (गीता जौहरी) तथा 'रैम' (योगेश निगम)

ओह अमेरिका! : 'मार्था' (गीता जौहरी) तथा 'सैम' (हेमन्त मिश्रा)

ओह अमेरिका! : 'मार्था' (महरू जाफ़र) तथा 'सैम' अशोक शर्मा

ओह अमेरिका! : 'श्यामलाल' (दया प्रकाश सिन्हा),
'विवेक' (अनिल धवन) तथा 'पत्नी' (मीना गुप्ता)

ओह अमेरिका! : 'जैकी' (अंजू केसरवानी), 'रैम' (योगेश निगम)
तथा 'जैक्सन' (राजेश रायज़ादा)

ओह अमेरिका! : 'चौधरी' (के. एम. गोविल), 'मुन्ना' (अनिल धवन)
तथा 'वृद्धा' (उर्मिला गोयल)

ओह अमेरिका

नाटक के तीन खण्ड, तीन विभिन्न कालों में स्थित है, जो इस प्रकार हैः—

पूर्व रंग : 17वीं शताब्दी का पूर्वार्ध, जहाँगीर के शासन-काल में।

प्रथम अंक : 1938 में ।

द्वितीय अंक : 1967 में।

ओह अमेरिका

पूर्व-रंग

(पूर्व-रंग में नाटक, यवनिका खुलने के पूर्व, मंचाग्र परअभिनीत किया जाता है।)

उद्घोषक : **(नेपथ्य से,नगाड़े की ध्वनि के बाद)** ख़ल्क खुदा का, हुक्म बादशाह का, पहले सुनिये ग़ौर से, फिर बात करिये और से **(नगाड़े की ध्वनि)** हर खासो आम को इत्तला की जाती है कि आफ़ताबे मुग़लिया, शहंशाहे-हिन्द, ज़िल्ले सुभानी, नूरूद्दीन मुहम्मद जहाँगीर, बादशाह गाज़ी ने अपनी फ़य्यज़ दिल्ली से मसरूर होकर फिरंगी कम्पनी के नुमाइन्दे टामस रॉ-मियाँ को आगरा मे कारखना व तोशाखाना तामीर करने की इजाज़त अता फ़रमाई है। **(नगाड़े की ध्वनि)**

(एक वृद्ध नेपथ्य से प्रवेश करके मंचाग्र के बीच में आता है।)

वृद्ध : **(नेपथ्य की तरफ़ देख कर पुकारते हुए)** चौधरी यहीं ठीक है। बाहर आ जाओ।

चौधरी : ठीक कहते हो। यहाँ लू फिर भी अच्छी लगती है।

वृद्ध : कोठरी की उमस से तो यह लू भली।

चौधरी : **(नेपथ्य की ओर बढ़ते हुए)** यहीं रूको। मैं चारपाई यहीं लिये आता हूँ। नीम की हवा तो मिलेगी। भले ही लू हो।

(चौधरी नेपथ्य में जाकर चारपाई लाता है। इस दौरान बृद्ध अंगोछे से अपना पसीना पोंछता है।)

वृद्ध : सुना है, दरबार में किसी फिरंगी का बड़ा रंग है—आजकल?

चौधरी : ठीक सुना है, क्या नाम है उसका—टामस बामस कुछ कहते हैं उसे। बादशाह जहांगीर पर तो जादू कर दिया है उसने।

वृद्ध : कैसे होते है फिरंगी देखने में?

चौधरी : देखा तो नहीं आज तक। मुन्ना कहता था—एकदम लाल मुँह होता है उनका ।

वृद्ध : (आश्चर्य) लाल मुँह?

चौधरी : सब ईश्वर की लीला है। भाँति-भाँति के प्राणी बनाये हैं उसने।

वृद्ध : कैसे लगते होंगे देखने में?

चौधरी : बन्दर नहीं देखा तुमने? बस बैसे ही लगते होंगे।

वृद्ध : दिल्ली क्या करने आया है वह?

चौधरी : (आवाज़ देते हुए) मुन्ने की अम्मा! ज़रा पानी तो ला दे। (वृद्ध से) फिरंगी-मुलक में बड़ी गरीबी है बड़ी भुखमरी है। इसीलिये बादशह जहाँगीर के दरबार में चाकरी करने आया है।

वृद्ध : तुम्हें कैसे मालूम?

चौधरी : मुन्ना कह रहा था।

वृद्ध : मुन्ना जब से फारस से लौटा है, देखा ही नहीं।

चौधरी : जादातर शहर में रहता है, आज आने वाला है।

वृद्ध : हाय, न जाने कैसा लगता होगा अब? फारस पलट है।

चौधरी : उसे देखो तो पहचान भी ना पाओ।

वृद्ध : अच्छा!

चौधरी : यह टोपी,वह दाढ़ी, वह चपकन! देखने में एक-दम मुगल लगता है। देखो तो लगे, बादशाह जहांगीर चले आ रहे हैं।

(अचानक मुन्ना का नेपथ्य से प्रवेश)

चौधरी : लो, यह तो मुन्ना आ ही गया। आओ आओ।

(चारपाई से दोनों उठते हैं। मुन्ना, बदहवास सा चारपाई पर बैठ जाता है। वह अपने बदन से कपड़े नोच कर फेंक देना चाहता है।)

मुन्ना : **(अपने कपड़े नोचते हुए)** ओह, तपिश! आतिश! तपिश आतिश!

चौधरी : **(घबरा कर)** क्या हुआ मुन्ना! तुम्हें क्या हुआ?

मुन्ना : तपिश...आतिश...

चौधरी : **(मुन्ना का माथ छू कर)** अरे, यह तो आग सा जल रहा है! इसे तो बुखार है। **(वृद्ध से)** जाओ, जल्दी वैद्य बुला कर लाओ।

(वृद्ध वैद्य बुलाने नेपथ्य में जाता है।)

मुन्ना : तपिश। आतिश! आब!

(पानी का लोटा लिये मुन्ने की अम्मा का प्रवेश)

अम्मा : **(घबरा करा)** क्या हुआ मेरे मुन्ने को? **(पानी का लोटा चारपाई के नीचे रखते हुए)** हाय मेरे बेटे! **(सर सहलाती हुई)** हाय, तुझे क्या हो गया!

चौधरी : बुखार है।

मुन्ना : आह! आग!

चौधरी : वैद्य जी को बुलाया है।

मुन्ना : आब! आब!

चौधरी : वैद्य जी आते होंगे।

मुन्ना : तपिश! आतिश! आब!

अम्मा : हाय मेरे बेटे को क्या हो गया!

मुन्ना : **(चीख कर)** आब!

अम्मा : क्या?

मुन्ना : आब!

अम्मा : यह आब कौन है?

मुन्ना : **(झुंझलाकर)** आब! आब!

चौधरी : **(अम्मा को एक तरफ़ ले जाकर)** बुखार सर पर चढ़ गया है। हो सकता है कोई भूत प्रेत हो । तब ही आँय-आँय बक रहा है बरी रहा है।

मुन्ना : आह, तपिश, आतिश। (चीखते हुए) आब। आब! (बेहोश होकर चारपाई पर गिर जाता है।)

चौधरी : (मुन्ना के हाथ की नाड़ी देख कर, सीने से कान लगा कर, रोते हुए) मुन्ने की अम्मा, मुन्ना तो चला गया।

(दोनों दहाड़ मार कर रोते हैं। तब ही वैद्य जी तथा उसके एक सहायक को साथ लिये वृद्ध का प्रवेश। वैद्य जी के सहायक के हाथ में दवाई घोटने का खरल तथा कुछ पुड़ियाँ हैं।)

वैद्य : (मुन्ना के सर पर हाै रखकर) इसको तो लू लगी थी।

चौधरी : बुखार तो सर पर चढ़ गया था। आँय-आँय बक रहा था।

वैद्य : (नाड़ी देखते हुए) इसको पानी पिलाना था?

चौधरी : पानी माँगता तो पानी पिलाते। यह तो "आब–आब" बक रहा था।

वैद्य : वह पानी माँग रहा था।

चौधरी : पानी?

वैद्य : आब माने पानी होता है। अगर पानी पिला देते तो यह बच जाता।

चौधरी : कैसे पिला देते पानी। हम अनपढ़ लोग क्या जानें–आब माने पानी।

अम्मा : हाय मेरा बेटा!

वृद्ध : रोने से क्या फ़ायदा। ईश्वर की यही इच्छा थी। मिट्टी को जल्दी जमुना में बहा दो।

(चौधरी अम्मा को बेटे से हटाता है,। फिर चारों आदमी चारपाई को कंधा देकर पुकारते हैं–'राम नाम सत्त है'और प्रेक्षागृह से दर्शकों के बीच होते पीछे के द्वार की तरफ़ बढ़ते हैं। माँ पानी का लोटा उठाकर नेपथ्य में अन्दर जाती है। मंच पर अंधकार। प्रेक्षागृह में मुन्ना की अर्थी ले जाने का मार्ग प्रकाशित हो उठता है। लाश जैसे ही प्रेक्षागृह के बाहर जाती है, प्रेक्षागृह मे पुनः अंधकार छा जाता

है। तब ही मंचाग्र के कोने पर खड़े विवेक को प्रकाश-वृत्त लक्षित करता है।)

विवेक : (बीच मंच पर आते हुए, परिहास में)

फ़ारस गये मुगल हो आये, बोले मुगली बानी।
आब आब कर मर गये मुन्ना, खटिया तले था पानी।।

(स्वर बदलकर)

आपने अभी देखा, अगर मुन्ना ने आब न कह कर पानी माँगा होता, तो शायद उसकी जान बच जाती।

अब प्रश्न यह उठता है कि उसने पानी को आब क्यों कहा? इसका उत्तर मैं नहीं दूँगा। यह सच है कि रंगमंच हमारे प्रश्नों के उत्तर और समस्याओं के हल देता है– किन्तु कभी-कभी, सदा नहीं। कभी-कभी यह प्रश्न भी उठता है–आप के लिए, जिनका उत्तर आप को देना होता है।

अब आपके मन में दूसरा प्रश्न करवटें ले रहा है। आप जानना चाहते हैं कि आखिर मैं कौन हूँ। आपके और नाटक के बीच में क्यों खड़ा हूँ। अगर मैं कहूँ कि आपके और नाटक के बीच में मैं नहीं हूँ तो आपको आश्चर्य होगा। आप अविश्वास और अस्वीकार से सिर हिला देंगे। किन्तु यह सच है। आप में और नाटक में कोई अन्तर या फासला नहीं है। इसीलिए कोई आप के और नाटक के बीच आ ही कैसे सकता है। आप ही नाटक हैं। और नाटक, आपकी अभिव्यक्ति।

मैं नाटक में भी हूँ और आप में भी। मैं वह सत्य हूँ, जो समय और स्थान निरपेक्ष है। मैं परिवर्तनशील सभ्यताओं में अपरिवर्तित सहज-बुद्धि का वह क्षीण स्वर हूँ, जिसे सुनते सब हैं, किन्तु स्वीकारते बहुत कम। मैं विवेक हूँ।

(विवेक पर पड़ने वाला प्रकाश-वृत बुझ जाता है। अंधेरे में विवेक नेपथ्य में चला जाता है।)

प्रथम अंक

समय : *सन् 1938*

स्थान : *पंडित रामायण त्रिवेदी के घर की बैठक—दूसरी मंजिल पर।*

पीछे की दीवार में एक खिड़की है। बायाँ द्वार घर के बाहर जाने का है, तथा दायाँ घर के भीतर।

पंडित रामायण त्रिवेदी केवल धोती पहने, तथा उसके दूसरे पल्ले से बदन का ऊपरी भाग लपेटे, जनेऊ धारण किये, तथा सिर पर मोटी चोटी में गाँठ लगाये हाथ में पूजा की थाली लिये दायें द्वार से बैठक में प्रवेश करके बायें द्वार से घर के बाहर जाते हैं। किन्तु तत्काल ही वापिस कमरे में आते हैं।

पंडित : (पुकारते हुए) जय किशन ! (दायें द्वार की तरफ़ बढ़ते हुए) जय किशन!

जय किशन : (नेपथ्य से) आया पंडित जी

पंडित : श्यामलाल विलायत से आ रहा है—

जय किशन : सब मोहल्ले बिरादरी में खबर हो गई है। बैण्ड बाजे का भी इन्तजाम हो गया है। पूरा जुलूस निकालेंगे—श्यामलाल भइय्या का।

पंडित : वह तो ठीक है—

जय किशन : (अपनी ही धुन में) विलायत पलट हैं। कोई मामूली बात नहीं।

पंडित : दो साल किरिस्तान मुलुक में रहा है,—न जाने कहाँ रहा

होगा, क्या खाया होगा।

जय किशन : विलायत में कैसा नेम-धरम!

पंडित : तब ही तो कहता हूँ, श्यामलाल को शुद्ध करना पड़ेगा। उसके आते ही–

जय किशन : गोबर गोमूत्र के लिए तो ग्वाले से कह दिया है। वह कल सुबह ही दे जायेगा।

पंडित : गंगाजल भी तो चाहिए। मैने पंडित रेबती रमण से कह रखा था। वह कल हरद्वार से मेरे लिए गंगा जल ले आये होंगे। तुम अभी ले आओ उसे।

जय किशन : अभी लेओ पंडित!

पंडित : मैं शंकर जी की पूजा को जा रहा हूँ। घंटे भर में लौट आऊंगा। जयशंकर।

(बायें द्वार से घर के बाहर प्रस्थान)

जय किशन : **(पंडित जी की नकल सा करता हुआ)** जय शंकर! **(कुछ सोचता है, फिर पुकारते हुए)** बहू रानी! बहू रानी! **(दायें द्वार से लंबा घूंघट काढ़े, श्यामलाल की पत्नी का प्रवेश।)**

जय किशन : **बहू रानी,** कल श्यामलाल भइया विलायत से आ रहे हैं। उनको शुद्ध करने पंडित जी ने हरद्वार से गंगा जल मँगवाया है। वही लेने पंडित रेवती रमन के यहाँ जा रहा हूँ । दरवाज़ा तुम अन्दर से बन्द कर लो।**(बायें द्वार से बाहर प्रस्थान)**

(पत्नी दरवाज़ा बन्द करके घर के भीतर जाती है, तब ही बाहर दरवाज़े पर दस्तक होती है। पत्नी पुनः अन्दर से कमरे में प्रवेश करती है। इस बार उसका घूँघट खुला है। वह जैसे ही दरवाजा खोलती है, एक हाथ में बड़ी अटैची लिए श्यामलाल (25-30) वर्ष दिखाई पड़ता है। उसको देखते ही पत्नी घूंघट खींचे लेती है।)

श्याम : **(कमरे में प्रवेश करके)** माई डार्लिंग! **(पत्नी का**

आलिंगन करना चाहता है किन्तु वह छिटक कर दूर खड़ी हो जाती है।

श्याम . (खिसिया कर) सेम ओल्ड ब्लडी इंडिया! सेम ओल्ड ब्लडी होम!

(विवेक का बायें द्वार से प्रवेश। उसकी आयु लगभग 35 वर्ष है, किन्तु बालों में माँग के पास सामने हल्की सी सफेदी है जो उसकी मानसिक परिपक्वता की द्योतक है।)

विवेक : (प्रवेश करके) किसी अंग्रेज को कभी ब्लडी इंगलैण्ड कहते सुना है?

श्याम : तुम यहाँ भी आ गये?

विवेक : तुम्हें आपत्ति?

श्याम : मैं तुमसे परेशान हो गया हूँ।

विवेक : क्यों?

श्याम : इंगलैण्ड में तुमने मेरा पीछा नहीं छोड़ा।(पत्नी की ओर देखकर) इसे देखा। दो साल बाद पति वापस आया है, और यह इतनी दूर खड़ी है—बन्द गोभी सी।

विवेक : यह प्रतीक्षा कर रही है—

श्याम : इंगलैण्ड में पत्नी दौड़कर आती और गले से झूल जाती—हाय डार्लिंग।

विवेक : तुम्हारा ख्याल है कि जो दौड़कर गले से झूल जाये, वह ही प्यार करती है?

श्याम : तुम्हारे सवाल बड़े बेहूदे होते हैं!

विवेक : तुम सवालों से कतराते क्यों हो?

श्याम : रोमांस भी कुछ होता है?

(पत्नी आगे बढ़कर श्याम लाल के पैर छूती है।)

श्याम : (क्रोध के विस्फोट से) गेट अवे।

(पत्नी घबराकर हट जाती है।)

श्याम : (वितृष्णा से) यही रोमाँस है!

विवेक : (अर्थपूर्ण स्वर में) तुम्हें रोमाँस पसन्द है?

श्याम : तुम जानते हो।

विवेक : कैसा रोमाँस? पिकेडली–

श्याम : (तुरन्त) कैसी पिकेडली?

विवेक : भूल सकोगे उसे? पिकेडली की वह बरसाती शाम–जब शरीर की भूख और मन की प्यास, दोनों से बेचैन तुम...

श्याम : **(विवेक का मुँह हाथों से बन्द करके)** अब तुम कुछ देर खामोश रहो। **(फिर वह घूँघट काढ़े की पत्नी की तरफ जाता है।)**

विवेक : वह प्रतीक्षा कर रही है कि तुम धीरे से उसका घूँघट उठाओ। पिकेडली वाली की तरह नहीं–**(कहते कहते रुक जाता है जब देखता है कि श्याम अपनी पत्नी का घूँघट उठा रहा है।)**

श्याम : **(घूँघट उठाकर)** हाऊ ब्यूटीफुल ! **(चेहरा झुकाये, आँख बन्द किये पत्नी खड़ी रहती है।)**

विवेक : कहाँ यह लज्जा, कहाँ पिकेडिली वाली।

श्याम : तुम ठीक कहते हो। कभी-कभी लगता है कि तुम ठीक कहते हो । इसने दो साल इन्तज़ार किया है।

विवेक : वह दो मिनट भी बर्बाद नहीं करना चाहती थी।

श्याम : **(ठुड्डी के नीचे उँगली रख कर, पत्नी का चेहरा उठाते हुए)** आई लव यू, माई डार्लिंग। यह क्या, तुम तो रो रही हो?

(पत्नी का रोना तीव्र हो जाता है।)

श्याम : **(पत्नी के सर पर हाथ फेरते हुए सीने से लगाता है)** चुप हो जाओ डार्लिंग। चुप हो जाओ। रोने की क्या बात है? रो क्यों रही हो?

पत्नी : **(मासूमियत से)** एक तो दो साल बाद आये, फिर आते ही डाँट दिया। हाँ। **(फिर रोने लगती है।)**

विवेक : कितनी मासूम है यह !

श्याम : हाऊ इन्नोसेन्ट!

विवेक : शरीर और रोमांस की भूख ने बेचैन कर दिया, झकझोर

दिया...मजबूर ...लेकिन बहुत तलाश करने पर भी कोई अंग्रेज लड़की हाथ न लगी।

श्याम : इस समय यह सब क्यों याद आ रहा है?

विवेक : हिन्दुस्तानी आदमी की वासना अंग्रेज लड़कियाँ पढ़ ही नहीं पाती थीं।

श्याम : **(सोचता हुआ)** काला आदमी आदमी नहीं होता।

विवेक : तब मिली यह पिकेडली वाली।

पत्नी : तुम्हें मेरी याद क्यों आती होगी?

श्याम : **(विचारों से अचानक जाग कर)** आं **(अपने को सम्हाल कर)** तुम्हारी याद न आयेगी?

पत्नी : गोरी गोरी मेमों से फुर्सत मिलती, तब ही।

(श्याम लाल हँसता है।)

विवेक : बड़ी मुश्किल से एक गोरी मेम मिली—पिकेडली वाली।

श्याम : **(पत्नी से)** बड़ी बहादुरी से के बैठक में खड़ी हो! लगता है पॉप घर में नहीं?

पत्नी : **कौन**?

श्याम : **(समझाते हुए)** पॉप—यानी ओल्ड मैन— अपना बुड्ढा, मतलब बाबूजी.....

पत्नी : वह मन्दिर गये हैं।

श्याम : और जैक्सन?

पत्नी : कौन?

श्याम : **जैक्सन। (समझाते हुए)** जय किशन।

पत्नी : वह गंगा जल लेने गया है।

श्याम : क्यों?

पत्नी : गोरी मेमों ने तुम्हें अशुद्ध कर दिया होगा।

विवेक : **(व्यंग्य से)** काश, अशुद्ध कर दिया होता!

पत्नी : तुम्हें गंगा जल से शुद्ध किया जायेगा।

विवेक : पिकेडिली वाली ने भी काले आदमी का मन नहीं देखा। उसने देखी उसकी जेब, और उसमें रखे पाउण्ड। और साथ में चल दी।

पत्नी : गोबर और गोमूत्र भी बाबू जी ने मंगाया है–

श्याम : मेरे लिये?

विवेक : पिकेडली वाली अपने घर ले गई। पास ही अंधेरी गली के भीतर एक सर्द कोठरी।

श्याम : **(बिगड़ कर)** तुम खामोश नहीं रहोगे! निकल जाओ। अभी निकल जाओ।

(बाँह पकड़ कर विवेक को बाहर निकालता है।)

श्याम : दिस इज़ डैम इण्डिया। मै इससे नफ़रत करता हूँ। गाय का पाखाना और पेशाब–इंगलैड में दोस्त सुनें तो क्या कहें! कितना हंसेंगे मुझ पर।

पत्नी : मुझ पर क्यों नाराज हो रहे हो! तुम तो कल आने वाले थे?

श्याम : मुझे विलायत में लोग महाराजा समझते थे। कितनी इज्जत थी मेरी। गाय की पेशाब! ऊँह!

पत्नी : तुम तो कल आने वाले थे। आज कैसे आ गये?

श्याम : तुम लोग इसे कैसे समझोगे ! ब्लडी हिन्दुस्तानी तो बस खाना और सोना जानता है। थ्रिल,फन , सरप्राइज़ तो जानता ही नहीं।

पत्नी : **(आमोदित सी)** तुम समझाओ तो समझ जायेंगे।

श्याम : मैं अचानक आकर सबको सरप्राइज़ देना चाहता था। सबको अचंभे में डाल देना चाहता था। लेकिन यहाँ तो मेरे लिये गाय की पेशाब और गोबर का इन्तज़ाम हो रहा है।

पत्नी : तुम किसी भी वजह से एक दिन पहले आये हो, लेकिन मैं तो यही समझती हूँ कि तुम मेरे लिये आये हो।

श्याम : **(कुछ देर पत्नी को देखता है,फिर निकट आ कर)** मैं तुम्हें लन्दन में बिलकुल भी नहीं भूल सका। तुम्हरा सुन्दर चेहरा बराबर मुझे याद आता रहता था।

पत्नी : **(शरमा कर)** हटो, कोई सुन लेगा।

श्याम : सुन कौन लेगा? **(दरवाज़ा बन्द करके पत्नी का**

आलिंगन करता है।)

पत्नी : (अपने को छुड़ाते हुए) बाबू जी आते होंगे।

श्याम : डार्लिंग, मैंने डेम सिविल को एक नाटक में देखा। उसकी सूरत बिलकुल तुम्हारी जैसी है। उसको देख कर लगता था जैसे तुम्हीं स्टेज पर हो।

पत्नी : (हँसकर) किसी बहाने तुम को मेरी याद तो आई।

श्याम : मैंने उसी दिन, वही पोशाक बाजार से खरीदी, जो डेमसिबिल पहने थी। तुम्हारे लिए–

पत्नी : क्यों? हाय! मै पहनूँगी–मेमों के कपड़े?

श्याम : हाँ, हाँ, क्यों नहीं? तुम सिबिल से भी ज्यादा सुन्दर लगोगी इसमें।

पत्नी : हटो भी।

श्याम : (अटैची खोलते हुए) यह देखो। तुम्हें वह पोशाक दिखाता हूँ।

पत्नी : बस, इतना ही सामान लाये हो?

श्याम : बाकी सामन 'शिप' से आयेगा। मै तो एरोप्लेन से आया हूँ।
(अटैची खोल कर फ्रॉक निकालता है।) देखो, कैसी है?

पत्नी : यह मै पहनूँ?

श्याम : तो क्या मै पहनूँ ? (गर्व से) इसमें लगोगी तुम मिसेज़ सेमुअल! एक दम डेम सिविल जैसी।

पत्नी : मुझे नहीं अच्छी लगती यह बेशर्मी।

श्याग : बेशर्मी! बेशर्मी क्या है इसमें!

पत्नी : पिंडली तक ऊँची है। भले घर की औरतें भला...

श्याम : भले घर! हमारे विलायत में सब औरतें यही पहनती है–क्या वह सब बदमाश हैं?

पत्नी : वह तो मेम हैं।

श्याम : बड़े बड़े लॉर्ड घर की औरतें यह पहनती हैं। वह भले घर की नहीं हैं? कोई 'नेटिव' औरत उनके पैर का

धोवन भी नहीं है।

पत्नी : अच्छा गुस्सा थूको। मै पहन लूँगी। तुम्हारी खुशी इसी में है, तो पहन लूँगी।

श्याम : **(प्यार से)** दैट्स लाइक अ गुड गर्ल।

पत्नी : लेकिन यह तो बताओ, इसे पहन कर क्या होगा?

श्याम : तब मैं तुमसे 'लव' करूंगा।

पत्नी : 'लव' क्या होता है?

श्याम : (काल्पनिक प्रेमिका के साथ फ़ोक्सटॉट करते हुए) कम लवी, वी विल मेक लव।**(रुक कर)**
समझीं?

पत्नी : नहीं।

श्याम : एकदम इडियट। लव माने प्यार।

पत्नी : **(अचानक फ्रॉक फेंक कर, शमति हुए)** तुम्हारा तो दिमाग फिर गया है।

श्याम : **(बिगड़ कर)** ब्लडीफूल। न इण्डियन आदमी में अक्ल, न औरत में। इंगलैंड की लाई फ्रॉक इस तरह फेंक दी जैस इण्डियन हो। कितने अरमान से इसे लाया था। उँह! **(क्रोध से फ्रॉक को सम्हालता, तह करता, पत्नी से दूर जा कर बैठ जाता है।)**

(पत्नी कुछ देर आमोदित सी श्यामलाल को देखती है, फिर उसके पास जाती है।)

पत्नी : एक बात पूछँ?

श्याम : पूछो।

पत्नी : प्यार को 'प्यार' कहने से क्या कुछ और होता है, जो प्यार में नहीं होता?

श्याम : मुझे परेशान न करो।

पत्नी : अच्छा नाराज़ न हो। दो साल बाद तो आये हो। मैं तुम्हें नाराज़ नहीं करूँगी। तुम चाहते हो तो मैं इसे पहन लूँगी। लाओ मुझे दे दो।

श्याम : गुड, बेबी गुड!

पत्नी : देखो डार्लिंग! इण्डियन्स जिन्दगी एन्जॉय करना नहीं जानते। हमारे इंगलैंड में शादी के बाद भी, मियाँ बीबी एक दूसरे के हाथ में हाथ डाल कर चलते हैं।

विवेक : **(अचानक खिड़की पर प्रकट होकर)** चाहे घर के अन्दर जूता लात चले।

श्याम : **(क्रोध से विवेक को देखता है)** ज़िन्दगी में कुछ थ्रिल होना चाहिये। कुछ रोमांस होना चाहिये। हमारे इंगलैण्ड में कोर्ट शिप होती है। कितना मज़ा आता है उसमें।

विवेक : पिकेडली वाली का मज़ा?

पत्नी : एक मेम से भी शादी कर लेते। मैंने मना तो नहीं किया था।

श्याम : **(झुँझला कर)** मेरी बात सुनो । **(समझाते हुए)** डियर मैंने सोचा है—दो साल बाद अपना हनीमून—यानी सुहाग रात अंग्रेज़ी ढंग से मनायेंगे।

पत्नी : यह कौन सा ढंग है?

(श्याम उत्तर नहीं देता।)

विवेक : एक दम नंगी वह पलंग पर लेट गई । दो मिनट का इन्तजार भी उसे नापसंद था।

पत्नी : बताया नहीं तुमने?

विवेक : झुंझलाकर बोली—क्यों समय बर्बाद करते हो। यह बिज़नेस का वक्त है। ऐसी थी अंग्रेज़ी सुहागरात.!

श्याम : मैं तुम्हें मार डालूँगा। **(मारने को बढ़ता है, किन्तु विवेक घर के बाहर भाग जाता है)**

पत्नी : आपने बताया नहीं, कैसा होता है सुहाग रात का अंग्रेजी ढंग?

श्याम : आज रात को दस बजे मैं दोस्तों के यहाँ से लौटूँगा। पॉप यानी बाबूजी और जैक्सन तो आठ ही बजे सो जाते हैं। उस समय मैं दरवाज़े से घर में नहीं आऊँगा। पाइप चढ़कर इस खिड़की से घर में आऊँगा।

पत्नी : हाय राम! चोर की तरह?

श्याम : बोलो मत—बीच में।

पत्नी : यही अंग्रेजी ढंग है प्यार का ?

श्याम : तब तुम मुझे यहाँ ...यहाँ मिलना, पोशाक पहने, जो मैं विलायत से लाया हूँ।

पत्नी : फिर—

श्याम : जैसे ही खिड़की से कूदूँ, तुम मेरे सीने से लग कर गले में बाहें डाल देना और कहना—माई डार्लिंग!

(पत्नी अपनी हँसी रोक नहीं पाती।)

श्याम : **(बिगड़ कर)** हँसो मत। हाँ, अब बोलो—माई डार्लिंग।

पत्नी : **(सीखती हुई)** म् म् माई डर्लिंग।

श्याम : फिर मैं तुम्हे अपनी बाहों में उठा कर अन्दर कमरे में ले जाऊँगा— बिस्तर पर।

पत्नी : तुम्हारी तो मत भरमा गई है।**(अन्दर जाने को बढ़ती है।)**

श्याम : **(दौड़ कर हाथ पकड़ लेता है)** देखो,रात को दस बजे, इसे पहन कर यहीं मिलना।

पत्नी : नहीं पहनूँगी।

श्याम : तुमको पहनना पड़ेगा।

पत्नी : नहीं पहनूँगी। **(बाहर के दरवाज़े पर दस्तक)**

पंडित : **(बाहर से)** जय किशन, दरवाज़ा खोलो।

श्याम : आ जाने दो। मैं हाथ नहीं छोडूँगा ।

पत्नी : वह क्या कहेंगे! हाथ छोड़ो। दरवाज़ा खोल दूँ।

श्याम : नहीं छोडूँगा हाथ।

पंडित : **(नेपथ्य से)** जय किशन, दरवाज़ा खोलो।**(द्वार पर दस्तक)**

पत्नी : मैं तुम्हारे पैर पड़ती हूँ।

श्याम : पहले कहो—यह कपड़े पहनूँगी। और जैसा मैंने कहा है वही करोगी।

पत्नी : हाय, बाबू जी न जाने क्या सोचते होगें।**(दस्तक की**

आवाज़)

श्याम : कहो जैसा कहा है वैसा करूँगी।

पत्नी : सुनो तो....(**दस्तक**) ....हाँ, हाँ करूँगी। बिल्कुल करूँगी।

: अब तो हाथ छोड़ो।

श्याम : पहले मेरी कसम खाओ।

पत्नी : तुम्हारी कसम।(**श्याम हाथ छोड़ देता है।**)

(पत्नी लंबा घूँघट खीच कर दरवाज़ा खोलने जाती है। दरवाजा खुलने पर पंडित जी बाहर से प्रवेश करते हैं।)

पंडित : बड़ी देर में दरवाज़ा खोला! जय किशन नहीं है?

(पत्नी घूँघट में सिर हिलाती है।)

पंडित : अरे श्याम लाल! तुम कब आये?

श्याम : बस, थोड़ी देर पहले ही।

पंडित : तुमने तो लिखा था कि कल आओगे?

श्याम : मैंने सोचा आप सबको सरप्राइज़ दे दूँ।

पंडित : क्या?

श्याम : मेरा मतलब है—मैं सबको अचंभे में डाल दूँ—एक दिन पहले पहूँच कर।(**पत्नी का घर के भीतर प्रस्थान**) हमारे इंगलैण्ड में सब लोग अक्सर ऐसा करते हैं।

पंडित : तुम्हारे इंगलैण्ड में लोग ऐसा करते होंगे। कहें कुछ, करें कुछ। हमारे यहां तो एक ही जबान होती है। जो अंदर वह बाहर। यह दोगली बात तुम्हारे इंगलैण्ड में ही भली।

श्याम : आप समझे नहीं पॉप।

पडित : क्या कहा—पाप? तुम्हारे इंगलैण्ड में पिता पाप होता होगा। हमारे भारत में तो वह सवा सोलह आने पुण्य होता है।

श्याम : आप फिर नहीं समझे।

पंडित : अरे मैं सब समझ गया। मुझे समझाने की क़तई ज़रूरत नहीं।

श्याम : सुनिये तो—

पंडित : अब सुनने को बचा ही क्या? जो समझना था, समझ लिया।

श्याम : क्या समझ लिया?

पंडित : यही कि तुम्हारे इंगलैण्ड में बच्चे हाथ में उल्टा उस्तरा ले कर पैदा होते हैं।

श्याम : उस्तरा?

पंडित : उसी से, बड़े होते ही बाप के कान काटते हैं। लगता है तुम्हारे इंगलैण्ड ने एक उस्तरा तुम्हें भी दे दिया।

श्याम : नोन्सेन्स।

पंडित : तब ही तो दो साल बाद बाप से मिला, तो नमस्ते, पायलागी, जैराम जी कुछ नहीं, ठूंठ-सा खड़ा बातें बना रहा है।

श्याम : **(हँस कर पंडित जी का हाथ पकड़ता है)** ओह पॉप यह सब बातें पुरानी हैं।

पंडित : **(हाथ छुड़ाकर)** तो नई बात बताओ।

श्याम : हमारे इंगलैण्ड में कोई लड़का अपने बाप के पैर नहीं छूता। यह सब कंज़रवेटिज्म है। आदमी को वक्त के साथ बदलना चाहिये।

पंडित : **(व्यंग्य से)** मैं तो बुड्ढा हो गया। मैं क्या वक्त के साथ बदलूँगा। वक्त से बदलेगा—तुम्हारा बेटा, जो अंग्रेज़ बच्चों जैसा उस्तरा लेकर पैदा होगा।

(जय किशन का गंगा जल का कलसा लिये प्रवेश)

जयकिशन : अरे भइया, तुम तो आज ही आ गये! यह लो गंगा जल भी ले आया तुम्हारे लिये।

पंडित : गंगा जल उसे नहीं, पहले मुझे दो!

जयकिशन : आपको?

पंडित : ला, मेरे हाथ पर डाल।

जयकिशन : जी?

पंडित : देखता क्या है? यहां गंगा जल डाल।

(पंडित के हाथ पर, जहाँ श्यामलाल ने पकड़ा

था, जय किशन गंगा जल डालता है।)

जयकिशन : क्या हुआ पंडित जी?

पंडित : पूजा से लौटा था । एक मलेच्छ ने छू दिया, बिना नहाये, बिना शुद्ध हुए।

श्याम : यही तो कंजरवेटिज्म है। वह कैसा धरम जो छूने से बिगड़ जाये? छुई मुई है!

पंडित : अपने बाप को पढ़ाने चला है!

विवेक : **(अचानक प्रवेश करके, पंडित जी से)** श्याम लाल ठीक कहता है।

पंडित : तुम फिर बोले। तुमको तो मैंने कब का चुप कर दिया था।

विवेक : अंग्रेज़ सात समुन्दर पार से आ गये। उनका धरम नहीं बिगड़ा। तुम्हारा धरम घर बैठे बिगड़ा जाता है?

श्याम : तब ही तो वह हम पर हुकूमत कर रहे हैं।

पंडित : **(निरूत्तर होकर)** वह तो बन्दर हैं बन्दर। लूटना खसोटना तो बन्दर का काम ही है।

श्याम : अंग्रेज़ बन्दर हैं, तो तुम लंगूर हो। काले मुंह के लंगूर। आज अंग्रेज़ी राज में सूरज नहीं डूबता। अंग्रेज़ की हर बात अच्छी, हर चाल अच्छी। उसकी पोशाक अच्छी। उसकी ज़ुबान अच्छी। उसकी अकल अच्छी। उसकी नसल अच्छी।

विवेक : **(श्याम लाल से)** अब तुम बहकने लगे।

श्याम : हिन्दुस्तानी आदमी को देखो। साला नंगा रहता है। जांघ तक धोती उठाए, नंगे बदन। मैनरलेस! हिन्दुस्तानी आदमी अभी सिविलाइज़ हुआ ही नहीं।

विवेक : तुम तो मेरी सुनोगे ही नहीं।

श्याम : इंगलैण्ड में मेहतर तक पतलुन पहनते है।

पंडित : **(उपहास में)** हाँ मेहतर ही पतलुन पहनते हैं।

विवेक : बेवकूफ, यह जलवायु की बात है।

श्याम : हिन्दुस्तानी आदमी बड़ी-बड़ी दाढ़ी मूछ लगाये, पूरा जंगली दीखता है। अंग्रेज को देखा, कितना साफ, चिकना, शेव किये रहता है।

पंडित : अरे हाँ! मैंने तो देखा ही नहीं। भूल ही गया। जय किशन, न्योता दे आओ।

जयकिशन : किस बात का पंडित?

पंडित : हमारी तेरहवीं का।

जयकिशन : तेरहवीं?

पंडित : हाँ,हाँ मैं मर गया हुँ। मेरी तेरहवीं नहीं करोगे?

जयकिशन : क्या कहते हो पंडित?

पंडित : हाँ, हाँ मैं मर गया । जीते जी मर गया। हमारे सपूत ने मार डाला।

श्याम : व्हाट नोन्सेन्स!

पंडित : मर न गया होता तो हमारे सपूत मूंछ क्यों मुंड़ाते?

श्याम : सुपर्सटिशन।

विवेक : उनकी उमर पर उनसे और क्या उम्मीद की जा सकती है?

पंडित : जिन्दा ही मैं तो परलोक चला गया। धन्य है भगवान! धन्य है।

श्याम : इसीलिये मैं ब्लडी इंडिया से नफरत करता हूँ। यहां की गन्दगी लोगों की खोपड़ी में भी भरी है।

पंडित : गन्दगी?

श्याम : हवाई जहाज़ में मुझे नींद आ गई। अचानक मुझे नाक में बदबू महसूस हुई; मैं समझ गया, इंडिया आ गया।

पंडित : तुमको शराब चढ़ गई है।

श्याम : जैसे तुमको भंग चढ़ जाती है।

पंडित : खबरदार, शंकर जी की बूटी के लिए कुछ कहा।

श्याम : तो शराब ही क्या बुरी है?

विवेक : **(बीच बचाव सा करता)** दोनों ही बुरे हैं, दोनों ही नशे हैं।

पंडित : **(क्रोध से)** भंग दैवी नशा है। शराब राक्षसी नशा है।

राक्षसी। जयशंकर! मैं राक्षसों के पास नहीं रह सकता। (क्रोध से पैर पटकते अन्दर प्रस्थान)

विवेक : तुम दोनों में ही अक़्ल नहीं है। मेरा यहां क्या काम। (प्रस्थान बाहर)

जयकिशन : श्याम लाल भइय्या!

श्याम : खबरदार, मुझे श्यामलाल मत कहना।

जयकिशन : (आश्चर्य से) तब क्या कहूं?

श्याम : सेमुअल साहब।

जयकिशन : सेमुअल साहब? अब यही कहूंगा तुमको श्यामलाल भइय्या—

श्याम : फिर वही?

जयकिशन : हें...हें...भूल गया सेमुअल साहब।(रुक कर धीरे से) लाये हो?

श्याम : क्या?

जयकिशन : वही अंगरेजी!

श्याम : (हँसकर, कोट की भीतरी जेब से निकालकर शराब की छोटी बोतल देते हुए) यह लो जैक्सन।

जयकिशन : (बोतल लेते हुए) जैक्सन!

श्याम : उस बुड्ढे को पता न लगे।

जयकिशन : तुम फिकर न करो।

श्याम : ब्लाइटर ने मूड खराब कर दिया।(प्रस्थान अन्दर)

जयकिशन : (बोतल सूँघते हुए) क्या ख़सबू है। सूँघ ले बेटा जैक्सन,सूँघ ले। एकदम विलायती मेम जैसी महकती है। (इधर-उधर देखकर बोतल कमीज़ में छिपाता हुआ बाहर प्रस्थान करता है।) (धीरे-धीरे प्रकाश कम होता है और एक दम अंधकार हो जाता है। अन्दर से लाकर मिट्टी के तेल का लैम्प जयकिशन रख जाता है। थोड़ी देर बाद दस बजने के घंटे, दूर पर सुनाई पड़ते है। विलायती पोशाक पहने, उसके ऊपर चादर ओढ़कर सिर ढके पत्नी शर्माई-सी प्रवेश करके खिड़की के पास खड़ी हो जाती है। वह

बार-बार खिड़की से बाहर झांकती है। फिर खिड़की के पास कुर्सी पर बैठ जाती है, तथा जम्हाई लेती है। कुत्ते भौंकने की आवाज़ सुनाई पड़ती है। वह दौड़ कर खिड़की पर जाती है। फिर बाबूजी की आवाज़ दूर से "कौन है" आती है। फिर बाबूजी और जयकिशन की—"चोर चोर" की आवाज़ धीरे-धीरे निकट आती है। थोड़ी देर बाद खिड़की पर श्यामलाल दिखाई पड़ता है। वह खिड़की से जैसे ही कूद कर भीतर आता है, पंडितजी और फिर जयकिशन भी उसके बाद ही खिड़की से कूद-कर उसे (गिरा देते हैं, और "चोर चोर" कह कर उसे मारने लगते हैं। पत्नी घबरा कर भीतर के दरवाज़े पर चली जाती है और वहाँ से झाँकती है।)

श्याम : **(पिटते हुए)** मै चोर नहीं हूँ बाबू।

पंडित : ठहरो।

जयकिशन : क्या?

श्याम : मैं चोर नहीं हूँ।

पंडित : **(लैम्प निकट लाकर)** अरे, यह तो श्यामलाल है। **(उठाते हूए)** अरे श्याम लाल। **(तब ही उनको श्यामलाल के मुंह से आती हुई शराब की बदबू महसूस होती है। वह उसे छोड़-कर नाक पर कपड़ा रखते हैं।)**

जयकिशन : सेमुअल साहब।

पंडित : मैंने कहा था शराब राक्षसी नशा है। अपने ही घर में चोर की तरह आ रहा था **(जयकिशन से)** मुझे तो फिर गंगा जल से हाथ धोने पड़ेंगे।

(प्रस्थान—बाहर)

श्याम : **(रूंधे गले से)** जैक्सन!

जयकिशन : **(बनावटी सहानुभूति से गले लगाते हुए)** मेरे सेमुअल साहब!

(यवनिका)

द्वितीय अंक

समय : *1967*

स्थान : *श्यामलाल के मकान का ड्राइंग रूम।*

इसमें दायाँ दरवाज़ा घर के बाहर खुलता है। बायाँ घर के भीतर, तथा पीछे की दीवार का बीच का दरवाज़ा एक दूसरे कमरे में।

मंचसज्जा

कमरे में एक तरफ मेज पर रेकर्ड-प्लेयर तथा कुछ रेकर्ड हैं। दूसरी तरफ एक लकड़ी के बक्स में बहुत सारे दफ्ती के पोस्टर रखे है। उनमें से कुछ पोस्टरों में लकड़ी के डंडे लगे हैं। पूरे कमरे में एक बेतरतीबी और अव्यवस्था है।

पर्दा खुलने पर समीर (सैमी), माधुरी (मार्था), रमेश (रैमी) बहुत ही तीव्र, कर्ण भेदी असंगत ध्वनियों वाले संगीत पर अपने कुछ अन्य हिप्पी साथियों के साथ नृत्य करते दिखाई पड़ते है। जय किशन भी उनके साथ नृत्य करता दिखाई पड़ता है, यद्यपि उसकी आयु लगभग 60-65 वर्ष की है।

नाचते-नाचते समीर गाने लगता है—"इंडिया इज़ ए बिग लेट्रीन! ओह अमेरिका! हाय, अमेरिका!" ओह टु वी इन अमेरिका,! हाय अमेरिका! उसके साथी भी उसके साथ गाते हैं। संगीत और नृत्य उत्कर्ष पर पहुँचते है, तब ही दायें द्वार से जया (जैकी) का प्रवेश। वह हिप्पियों जैसे वेश में नहीं है। वह साधारण साड़ी इत्यादि पहने है। उसको देखते ही सब नृत्य रोक देते हैं।

समीर : (अतीव आश्चर्य) जैकी चिक! तुम्हें क्या हो गया?

रमेश : मैं तो तुम्हें पहचान ही नहीं पाया!

माधुरी : जैकी, तुम्हारी तबियत तो ठीक है?

जयकिशन : (थक कर पीछे दीवार का सहार लेकर बैठते हुए) तबियत कहाँ ठीक है? (चरस की चिलम उठाकर मुंह से लगाता है।)

(जया एक तरफ कुर्सी पर बैठ जाती है।)

माधुरी : तीन दिन से दिखाई नहीं पड़ी?

समीर : हाऊ ऑफुल! तुम इन साफ कपड़ों में कितनी गन्दी लगती हो।

जयकिशन : अप टाइट है।

रमेश : (जया के कंधे पर हाथ रखते हुए) व्हाट हैपेन्ड, बेबी चिक?

जयकिशन : (नशे में) भर्ती हो गई—इस्ठब्लिशमेन्ट में।

रमेश : क्रेज़ी चिक!

जया : डोन्ट बग मी। फ़न्की कैट। (रमेश का हाथ पकड़कर झटक देती है, फिर रोने लगती है।)

माधुरी : (जया के सिर पर हाथ रखते हुए) क्या हुआ जैकी।

जया : (चीखते हुए) हट जाओ। आई विल जैप यू।

(माधुरी घबरा कर पीछे हट जाती है, वैसे ही जय किशन नशे में ठहाका लगाता है।)

(जया फिर रोती है। सब किंकर्तव्य—विमुढ़ से उसे देखते हैं। धीरे-धीरे समीर उसके निकट आता है। बाँह पकड़ कर उसे उठाता है, फिर अचानक उसके गाल पर थप्पड़ मारता है। जया दूर जा गिरती है।)

जया : (रोते हुए, समीर के पास आकर, उसका कॉलर पकड़कर) मारो मुझे। मारो मुझे। किल मी। बॉल मी।(कालर छोड़ कर, शिथिल सी कुर्सी पर बैठ जाती है) मुझे तीन दिन से हशिश नहीं मिली।(समीर जय किशन में पास से चिलम लाकर देता है। आतुरता से चिलम के कश फूँकती है। कश लेते ही उसका चेहरा

खिल जाता है)

जया : (चिलम को देखते हुए) हाऊ ग्रूवी।(खिल कर हंसती है।)

जयकिशन : (नशे में) बेबी बेबी ग्रूवी।

माधुरी : कोई खास बात है?

जया : मेरा एक अंकल है–

रमेश : तो?

जया : अंकल कार्बकंल! उसे हिप्पी बुरे लगते हैं।

समीर : फ़किंग ब्लडी स्क्वायर!

जया : उसने ममी पापा को समझाया–जया के साथ सख्ती करो। बस, उन्होंने तीन दिन खाना नहीं दिया। कमरे में बन्द कर दिया।

समीर : इसीलिए तुमने यह कपड़े पहने हैं? स्ट्रेट बन गई?

माधुरी : तुम यह कपड़े पहन कर बाहर सड़क पर कैसे आ सकी?

जया : मैं क्या करती मार्था?

माधुरी : मैं तो शरम से मर जाती। कोई साफ धुले कपड़े पहन कर बाहर कैसे निकल पाता है!

समीर : डैडी मॉम–ब्लडी फ़ंकी।

रमेश : (अचानक जया के गले में पड़ी रूद्राक्ष की माला देखकर) अरे जैकी! यह क्या पहने हो?

जया : माला है।

समीर : फकिंग इंडियन है।

जया : (सफाई में) लेकिन यह मुझे एक अमरीकन औरत ने दी है।

रमेश : अमेरिकन ने!

माधुरी : अमेरिकन ने!

जया : हाँ! मैं यहां आ रही थी, तो रास्ते में मिली। वह सफेद साड़ी पहने थी।

समीर : इम्पोसिबिल।

रमेश : हो सकता है; मैंने अमेरिकन मैगज़ीन में पढ़ा है।

जया : वह मुझसे बोली—हारे किश्ना—

जयकिशन : (नशे में) हार गये कृष्ण जी!

जया : मैं रूक गई। उसने मुझसे फिर कहा—हारे किश्ना। और यह माला दे दी।

माधुरी : इसमें खास बात क्या है? ऐसी माला तो नानी पहना करती थीं।

समीर : अगर उस अमेरिकन औरत ने दी है, तो ज़रूर खास बात है।

रमेश : तब तो यह लेटेस्ट फैशन है।

जया : पास ही मैदान में बहुत से अमरीकी आदमी और औरतें कीर्तन कर रहे थे।

जयकिशन : (चैतन्य महाप्रभु की शैली में हाथ उठा कर) हरे कृष्ण, हरे कृष्ण, कृष्ण, कृष्ण हरे हरे।

जया : शट अप! (जयकिशन फिर अपनी जगह नशे में लुढ़क जाता है।) अमेरिकन हरे कृष्ण नहीं करते।

रमेश : तब?

जया : हारे किश्ना।

समीर : तब यह ठीक है। हारे किश्ना।

जयकिशन : यह लो, हार गए किशन जी!

रमेश : कहां हैं वह अमरीकन लोग?

जया : परेड मैदान पर।

रमेश : आओ मार्था चिक! हम लोग देखें।

माधुरी : चलो कैट।

(माधुरी और रमेश एक दूसरे का हाथ पकड़ कर घर के बाहर जाते हैं।)

जया : (चिलम रख कर) मै भी आ रही हूँ रेम। (किन्तु रमेश और माधुरी बिना सुने ही चले जाते हैं।) सैमी, आओ हम लोग चलें।

समीर : मैं नहीं जाऊँगा।

जया : चलो न।

समीर : (सिगरेट पीते हुए) लेट मीं डू माई थिंग।

जया : तुम मुझसे दूर रहते हो। तुम मुझे इतने अच्छे लगते हो। तुम यहां सबसे 'ग्रूवी' कैट हो। आओ न।

समीर : मुझे 'वॉलिग पसंद नहीं है।

जया : (निराशा से) मैं जानती हूँ तुम 'फ़ैग' हो। सब यही कहते हैं तुमको 'चिक' पसंद नहीं।

समीर : तुम जाओ।

जया : (कमरे को देखते हुए) मेरा इस 'पैड' में दम घुट रहा है। (समीर को बाँह से खींचते हुए) प्लीज कैट, आओ न। मैं तुम्हारे बिना नहीं जाऊगी। (समर्पित सी) मुझे कुछ देर के लिये कैट ही समझ लेना।

समीर : (जया के नितंब पर हाथ मारते हुए) ओ. के. (उठ कर जया के साथ बाहर जाता है)

(कुछ क्षण मंच पर कोई नहीं रहता, सिवाय जयकिशन के, जो पीछे की दीवार से सिमटा, लकड़ी के बक्स के पीछे , ज़मीन पर पड़ा नशे में बेहोश है। तब ही हाथ में एक एयर-लाइन्स की अटेची लिये श्याम लाल तथा उसकी पत्नी बाहर से आते है। वे आश्चर्य से कमरे की बेतरतीवी देखते हैं, फिर घर के भीतर जाते हैं। फिर घर के भीतर से आ कर, बीच के द्वार से पीछे के कमरे मे जाते है। फिर बाहर निकल कर आते हैं।)

श्यामलाल : पता नहीं कहाँ चले गये सब के सब?

पत्नी : दरवाज़ा खुला छोड़ कर। घर तो ऐसा बना रखा है, जैसे कबाड़खाना।

(श्यामलाल लकड़ी के बक्स में रखे डंडों से प्लेकार्ड देखकर उधर बढता है।)

पत्नी : यह सब क्या है?

श्याम : (एक प्लेकार्ड उठा कर पढ़ता है) थिंक

पत्नी : क्या लिखा है?

श्याम : थिंक माने सोचो।

पत्नी : क्या सोचो?

श्याम : (दूसरा प्लेकार्ड पढ़ते हुये) मेडिटेट! (पत्नी से) मतलब ध्यान करो।

पत्नी : बच्चे लगता है धार्मिक हो गये हैं।

श्याम : (तीसरा प्लेकार्ड उठा कर) आल मेन आर वन, फक हेट।

पत्नी : क्या माने हुआ?

श्याम : (हिचकिचा कर) सब इन्सान एक है। (टालते हुये) ऐसा ही कुछ।

श्याम : (प्लेकार्ड उठा कर पढ़ता है) मेक लव, नो वॉर। (स्पष्ट ही सही अर्थ छिपाते हुये) लड़ाई बन्द करो। (एक और प्लेकार्ड उठाकर पढ़ता है) डिमान्डस हिप्पी चिक–माई यूटेरस इज नॉट पब्लिक प्रोपर्टी, लीगलाइज अबोर्शन!

पत्नी : यह तो बहुत कुछ लिखा है। इस के माने क्या हुये?

श्याम : पता नहीं।

पत्नी : (अविश्वास से) क्या?

श्याम : यह अंग्रेजी में नहीं है। फ्रैंच है–फ्रैंच। तुम क्या कह रहीं थीं–हमारे बच्चे बड़े धार्मिक हो गये है? (व्यंग्य से) काबिल भी हो गये हैं।(एक प्लेकार्ड और उठाता है तो उसके नीचे से विवेक निकलता है। उसके एक हाथ और एक पैर की हड्डी टूट गई है और उस पर पट्टियाँ और लकड़ी की खपच्चियाँ लगी हैं। सर पर भी चोटों की मरहम पट्टी है।)

श्याम : अरे विवेक ! तुम ?

विवेक : (बक्स से निकल कर) हाँ मैं।

श्याम : यह चोटें! कैसे लगी?

विवेक : मार्था और सैमी ने मेरी यह हालत की है।

श्याम : कौन हैं यह लोग?

विवेक : सेमुअल साहब, अपने बेटे और बेटी को नहीं जानते?

श्याम : मेरे बेटे और बेटी?

विवेक : माधुरी, तुम्हारी बेटी, अब मार्था है। तुम्हारा बेटा समीर अब सैमी है।

श्याम : ओह!

विवेक : उन्होंने ही मेरे हाथ पैर की हड्डी तोड़ कर, इन पोस्टरों के नीचे दबा दिया है।

श्याम : यह तो बड़े दुख और शर्म की बात है।

विवेक : शर्म किस बात की?

श्याम : क्यों?

विवेक : यही तो हमारी राष्ट्रीय विरासत है।

श्याम : क्या मतलब?

विवेक : विदेशियों की नकल करना, उसी में आश्वस्त और गर्वित अनुभव करना, यही तो हमारा राष्ट्रीय चरित्र है–मैं चलू मेरा इस घर में क्या काम।**(लंगड़ाता हुआ घर के बाहर जाता है।**

पत्नी : **(घर के अन्दर से आती हुई)** मैं तो सफर से थक गई हूँ। चाय बनाती हूँ। पता नहीं, जय किशन भी कहां चला गया **(घर के भीतर प्रस्थान)**

(तब ही श्याम लाल की निगाह बक्स के पीछे नशे में पड़े, जयकिशन पर पड़ती है)

श्याम : **(पुकारते हुये)** जयकिशन! जयकिशन! **(हाथ पकड़ कर खींचते हुये)** जय किशन।

जयकिशन : **(आँख बन्द किये हुये ही, नृत्य में हाथ-कंधे झटकता हुआ धीरे-धीरे उठता है)** हाय अमेरिका! ओह अमेरिका! हाय अमेरिका! ओह अमेरिका!

श्याम : **(बेसब्री से चीखकर)** जय किशन!

जयकिशन : **(एकदम होश में आकर)** श्याम लाल भइया!!! तुम कब आए अफ्रीका से?

श्याम : अभी आया।

जयकिशन : खबर नहीं दी।

श्याम : टाइम नहीं था। अचानक आ गया एक मीटिंग में।

जयकिशन : लाये हो?

श्याम : क्या—व्हिस्की?

जयकिशन : क्या पुरानी बातें करते हो? सेमुअल साहब! अब ज़माना बदल गया है। मॉड, मॉड मॉड—समझे।

श्याम : **(अविश्वास से)** तुमका क्या हो गया है?

जयकिशन : जायन्ट! नहीं समझे? सिग्रटे—लाये हो?

श्याम : सिग्रटे—

जयकिशन : अरे ऐसी वैसी सिगरेट नहीं। स्पेशल सिगरेट, जिसकी तम्बाकू में ग्रास मिली हो।

श्याम : ग्रास?

जयकिशन : ग्रास नहीं जानते ? ग्रास माने मरजुआना। मर जुआना—अरे वही जिसे गाँजा कहते हैं।

श्याम : तो गाँजा क्यों नहीं कहते है?

जयकिशन : फिर वही पुरानी बात। पहले जो बुड्ढ़े कहते थे, वही बच्चे कहते थे। आजकल जो बच्चे कहते हैं वही बुड्ढ़े बोलते हैं। चरस को अब हाशिश कहते हैं।

श्याम : **(व्यंग से)** और क्या सीखा?

जयकिशन : भंग शराब में वह मजा कहाँ जो एसिड में है।

श्याम : एसिड?

जयकिशन : क्या कहते हैं उसे—एल 'बरहम-रंध' खुल जाये—शंकर जी की तीसरी आंख सा। लोक परलोक की वह लीला दिखाई पड़ जाये कि वह एक दम विरागी बन जाओ।

श्याम : और भी कुछ सीखा?

जयकिशन : क्रिस्टल खाओ, तो इस उमर में भी बिना थके पाँच पानी पार कर आओ। **(आँख मारता है)** हाँ।

श्याम : **(वितृष्णा से)** मैं तुम्हारे सहारे बच्चों को छोड़कर अफ्रीका फ़ारेन-असाइनमैंट पर गया था। सोचा था,

पुराने नौकर हो, घर वालों की तरह हो, बच्चों का ध्यान रखोगे, लेकिन तुमने जो–

जयकिशन : मैं क्या ध्यान रखता । दोनों हिप्पी बन गये हैं। ज्ञान का भंडार। वह तो मेरा ध्यान रखने लग गये। (अचानक) कुछ लोगे? –ग्रास, एसिड़, पाट, क्रिस्टल?

श्याम : (सख्ती से) समीर और माधुरी कहाँ गये है?

जयकिशन : अपनी थिंग करने। (श्याम लाल घूर के देखता है, तो सम्हल कर) आते होंगे। बहू रानी आई?

श्याम : हाँ!

जयकिशन : मै चाय बाय बनाऊँ।(घर के भीतर जाते हुये, स्वतः ही "हाय अमेरिका" कहते हुआ कंधे झटकाता है, तब ही श्याम लाल की घूरती निगाहें देख कर, तुरन्त स्वाभविक हो जाता है। प्रस्थान–बायें)

(श्यामलाल रेकर्ड-प्लेयर से रेकर्ड उठा कर पढ़ना चाहता है। फिर चश्मा निकाल कर पढ़ता है।)

श्याम : (पढ़ने हुए) हौटर दैन दैट! (अर्थ न समझ पाने के कारण दो तीन बार दोहराता है) हौटर देन दैट! (अचानक अर्थ समझ,कर, क्रोध से रेकर्ड जमीन पर पटकते हुए) हौटर दैन दैट।(घर में भीतर प्रस्थान)

(थोड़ी देर में रमेश और माधुरी हाथों में हाथ डाले बाहर से आते हैं। रमेश के हाथ में बाँसुरी है। माधुरी ने नीली जीन्स के ऊपर राजस्थानी छींट का दुपट्टा ओढ़ लिया है। दोनों पीछे के द्वार से कमरे में चले जाते हैं और दरवाज़ा बन्द कर लेते हैं। कुछ समय पश्चात रामनामी ओढ़े समीर का प्रवेश। वह कुर्सी पर इत्मीनान से पैर फैला कर बैठता है, और सिगरेट सुलगाता है। तब ही बायें दरवाज़े से माँ का प्रवेश)

पत्नी : समीर!

समीर : हाय मम्मी!

पत्नी : यह तुमने अपनी हालत क्या बना रखी है...

समीर : क्यों?

पत्नी : यह सूखे बड़े बाल, छितरी दाढ़ी– कब से नहीं नहाये?

समीर : तुम नहीं समझोगी।

पत्नी : **(अचानक सिगरेट छीनती हुई)** नालायक़। बड़ी क़ाबलियत झाड़ने चला है। माँ के सामने ही तम्बाकू पी रहा है।

समीर : पुरानी बातें!

पत्नी : क्या हालत बनाई है अपनी! तुमको ऊटपंटाग कपड़े पहनते शरम नहीं आती?

समीर : इसमें ऊटपटांग क्या है?

पत्नी : कहीं ऐसा पहना जाता है?

समीर : **(नकल करते हुए)** कहीं ऐसा पहना जाता है–ऐसा नहीं होता क्योंकि कोई नहीं करता। जो सब करते हैं वही हमें करना चाहिये।**(स्वर बदल कर)** मैं पूछता हूँ, यह ज़िन्दगी मेरी है या किसी और की?

पत्नी : तुम तो बस–

समीर : अगर दूसरों की है तो जो दूसरे करेंगे, वह मैं भी करूँगा। लेकिन अगर मेरी है तो मैं जो चाहूंगा, वही करूँगा। वही पहनूँगा। किसी से मतलब?

पत्नी : लेकिन लोग क्या कहेंगे?

समीर : लोगों के कहने से कुछ बनता बिगड़ता है?

पत्नी : तुझसे कौन बहस करे। खराब संगत पड़ गई। माधुरी कहां है?

समीर : मैं नहीं जानता।

पत्नी : कैसा भाई! जवान बहन का ख्याल नहीं।

समीर : वह खुद अपना ख्याल रख सकती है। मेरा ख्याल है, वह इस कमरे में है।**(बीच के द्वार की ओर इंगित करता है। माँ बीच के द्वार को खोल कर देखती है, फिर झटके से द्वार बन्द कर देती है।)**

पत्नी : उसके साथ तो कोई है!

समीर : हाँ।

पत्नी : कौन है वह?

समीर : उसका दोस्त।

पत्नी : **(क्रोध से दाँत भींच कर)** तुझे शरम नहीं आती?

समीर : किस बात की?

पत्नी : तेरी बहन के साथ उसका दोस्त है, और तू यहाँ बैठा है—

समीर : **(अबोधता से)** तो क्या उसके साथ मुझे होना चाहिये था?

पत्नी : निकम्मे, नालायक, बदतमीज।

समीर : इसमें बिगड़ने की क्या बात है। साफ बात,बहन के साथ, उसका भाई नहीं, दोस्त ही होगा।

पत्नी : **(रोते हुए)** यह सब कहने के पहले तेरी जुबान क्यों नहीं गिर गई । भगवान ने मुझे क्यों नही उठा लिया।

(पैर पटकती घर के भीतर जाती है। थोड़ी देर बाद श्यामलाल का घर के भीतर से प्रवेश। वह क्रोध से समीर को घूरता है।)

समीर : हाय ओल्ड मैन!

श्याम : **(कठोरता से)** समीर!

समीर : सैमी कहो।

श्याम : सैमी के बच्चे! कौन है माधुरी के साथ।

समीर : उसका दोस्त।

श्याग : यह सब क्या तमाशा है। तुमने क्या हुलिया बनाया है अपना? एक साल को अकेला छोड़ दिया तुम लोगों को—तुम लोगों का विश्वास करके, उसका यह फल दे रहे हो।

समीर : आप नाहक ही अपटाइट हुए जा रहे हैं।

श्याम : शादी के पहले बहन किसी लड़के के साथ, और भाई के माथे पर शिकन तक नहीं।

समीर : यह तो होना ही चाहिये।

श्याम : एक तो चोरी उस पर सीना ज़ोरी। क़ानून बधार रहा है।

समीर : मॉड सोसायटी परमिसिव सोसायटी होती है। वहाँ सेक्स पर कोई बंधन नहीं होता।

श्याम : आदमी और जानवर में फ़र्क क्या रह गया?

समीर : अमेरिका में ऐसे लाखों नौजवान हैं जिन्होंने नपी तुली रेडीमेड ज़िन्दगी से विद्रोह किया है।

श्याम : यह विद्रोह है!

समीर : यह विद्रोह धीरे-धीरे हर देश में आग की तरह फैल रहा है। हम क्यों दस से पाँच तक काम करें? नहीं करते काम। क्यों साफ़ कपड़े पहनें? नहीं पहनते। क्यों बाल कटवाये? नहीं कटाते।

श्याम : यह सब तो मै बहुत पढ़ चका हूँ।

समीर : अमेरिका में—

श्याम : **(काटते हुये)** बार-बार अमेरिका का नाम न लो।

समीर : अमेरिका ने सेक्स-क्रान्ति की है। सेक्स-रिवोल्यूशन अमेरिका की दुनिया को सबसे बड़ी देन है।

श्याम : क्या दुनिया से ग़रीबी मिट गई?

समीर : क्या?

श्याम : क्या दुनिया में सबके सरों पर छत हो गई? सबको मकान मिल गये।

समीर : मैं समझा नहीं।

श्याम : क्या अब कोई बिना दवाई और इलाज के नहीं मरता? क्या सब बीमारों को डाक्टर मिल गये?

समीर : यह सब क्यों कह रहे हैं?

श्याम : रिवोल्यूशन! क्रान्ति!! रिवोल्यूशन होता है—रोटी, कपड़ा और दवाई के लिये; न्याय और समानता के लिये—सेक्स क्रान्ति— इसने तो रिवोल्यूशन का अर्थ ही बदल दिया।

समीर : आप कुछ भी कहें, लेकिन यह तो सच है कि सेक्स

रिवोल्यूशन, दुनिया को अमेरिका की ही देन है।

श्याम : लड़ाई में जाना न पड़े, इस लिये अमरीकी जवान बाल बढ़ा के साधू बन गये। नशा खाने लगे। यह है सेक्स–रिवोल्यूशन?

समीर : अमेरिका कितना ही बुरा क्यों न हो, इस ब्लडी इंडिया से अच्छा है।

श्याम : हमारी सभ्यता पाँच हज़ार साल पुरानी है। अमेरिका की सभ्यता कुल पाँच सौ साल पुरानी। हमारे पूर्वज ऋषि मुनि थे, उनके सोना–खोज़ी।

समीर : अमेरिका का मुकाबला हम क्या खा के करेंगे। ऐलेन गिन्सबर्ग से किसी ने पूछा–न्यूडिटी क्या है? उसने हज़ारों के है मजमें में पतलून उतार कर कहा–दिस इज़ न्यूडिटी। है किसी हिन्दुस्तानी में इतनी हिम्मत?

श्याम : **(व्यंग्य से हंसकर)** यही है रिवोल्यूशन?

समीर : आप हंसते क्यों है? मुझे बेवकूफ समझते हैं? मेरा मूड खराब कर दिया। मैं यहाँ नहीं रूक सकता हैं। **(बाहर जाने को दरवाज़े की तरफ़ बढ़ता है। किन्तु अचानक लौटकर)** एक बात कहूँ डैडी?

श्याम : कहो।

समीर : अगर आप ड्रग्ज़ लें तो आप का माइन्ड ब्लो-अप हो जाये।

श्याम : **(व्यंग्य से)** मरजुआना...? हशिश?... एल.एस.डी...?

समीर : आप ने फ्री-सेक्स नहीं जाना। हमेशा एक ही चिक से, मतलब ममी से ही होने से आप का माइन्ड बन्द हो गया है। ड्रग्ज़ के साथ तीन चार चिकों से बाँलिग भी करें तो –**(श्याम लाल मारने को दौड़ता है, तो समीर दरवाज़े की तरफ भागता है।)** हारे किशना, हारे किशना! **(दायें दरवाज़े से बाहर प्रस्थान)**

(श्याम लाल विवश क्रोध में फुँफकारता रह जाता है। फिर क्रोध में ही बीच के दरवाज़े पर ज़ोर-ज़ोर

से दस्तक देता है। "कौन है" की भीतर से रमेश की आवाज़ आती है। श्यामलाल ज़ोर से दरवाज़ा खटखटाता ही रहता है। जैसे ही रमेश दरवाज़ा खोलकर सर निकालता है, श्यामलाल उसका कालर पकड़कर खींच लेता है, तथा दरवाज़ा बन्द करके, बाहर से कुण्डी चढ़ा देता है।)

रमेश : (कमर पर पैन्ट के बटन बंद करता हुआ) हें हें, क्या करते हैं?

श्याम : (धक्का देते हुए) निकल जा।

रमेश : हारे किशना, आप तो हिंसा करते हैं?

श्याम : हारे किशना के बच्चे!!(प्लेकार्ड के डंडे से मारने को दौडता है, लेकिन रमेश, पैंट सम्हालता, घर के बाहर भाग जाता है।)

(पत्नी, जो बायें द्वार के भीतर छिपी खड़ी थी, कमरे में आ जाती है।)

पत्नी : नासपिटा, चोर, उठाईगीरा! (बीच के बन्द दरवाज़े के भीतर से माधुरी खटखटाती है।)

श्याम : यह माधुरी है। इसे निकालकर बात करो। समझाओ इसे। हमारी नाक काटने में कसर ही क्या छोड़ी है इसने?

(प्रस्थान भीतर)

(पत्नी बीच के दरवाज़े की कुण्डी खोलती है।
माधुरी एकदम निकल कर आती है।)

माधुरी : हाऊ अनकूल! रैमी कहाँ गया?

पत्नी : जहन्नुम।

माधुरी : तुम कब आई मम्मी?

पत्नी : मर गयी मम्मी?

माधुरी : रियली?

पत्नी : मैं पूछती हूँ, तुझे शरम लिहाज़ नहीं है?

माधुरी : किस बात की शरम?

पत्नी : चोरी,ऊपर से सीना ज़ोरी।

माधुरी : (बोर होकर) ओह!

पत्नी : बड़ी भोली बनती है। लड़के के साथ–

माधुरी : तो इसमें शरम की क्या बात है?

पत्नी : (आश्चर्य से आहत हुई) तुझे शरम नहीं दीखती?

माधुरी : यह तो सब ही करते हैं। तुम भी तो–

पत्नी : (क्रोध से मारती हुई) हरामज़ादी बेशर्म, नालायक! ज़ुबान में लगाम ही नहीं रह गई है!

माधुरी : (मार से अविचिलित) ममी तुम बहुत अपटाईट हो। इस्टे ब्लिशमेन्ट ने तुम्हें कुचल दिया है।

पत्नी : कौन है यह लड़का?

माधुरी : मेरा दोस्त।

पत्नी : शादी के पहले? हया से आँख झुकाना तो दूर, जुबान लड़ाती है।

माधुरी : मम्मी अब ज़माना बदल गया है।

पत्नी वह तो मैं देख ही रही हूँ।

माधुरी : आजकल औरत मर्द की गुलाम नहीं है। वह बराबरी की इज्ज़त चाहती है।

पत्नी : बराबरी इस बेशर्मी में ही है?

माधुरी : शादी तो आदमी ने चौका चूल्हा करने, घर-बार झाड़ने, कपड़े सीने धोने के लिए, बिना तनखा की एक नौकरानी पाने का ढंग निकाला है।

पत्नी : यही तुमने पढ़ा है?

माधुरी : औरतें अब नौकरानी बनने को तैयार नहीं। पहल की है अमेरिका की औरतों ने।

पत्नी : क्या वहाँ शादी बन्द हो गयी ?

माधुरी : औरतों ने वहाँ चोली उतार फेंकी।

पत्नी : क्यों?

विवेक : (अचानक छत के निकट रोशनदान में सिर डालकर)

बेकार की बाधा! **(फिर अदृश्य हो जाता है।)**

माधुरी : उन्होंने चोली की होली जला दी।

पत्नी : तो इसमें कौन से रन जीत लिए? क्या बहादुरी कर दिखाई?

माधुरी : आदमी औरत को गुड़िया बनाना चाहता है। हमेशा उनको सुन्दर देखना चाहता है। लेकिन अमरीकी औरतों ने इससे इन्कार कर दिया।

पत्नी : **(व्यंग्य से)** बड़ी हिम्मत की।

माधुरी : हिम्मत तो है ही। अमरीकी औरतों जैसी हिम्मत भला इंडियन औरतों में हो सकती है। इसाडोरा डंकन से किसी ने पूछा, सुन्दरता क्या है? जानती हो उसने क्या जवाब दिया? **(रूक कर)** उसने अपना ब्लाउज़ फाड़कर कहा—यह है सुन्दरता। कोई हिन्दुस्तानी औरत यह हिम्मत कर सकती है?

पत्नी : **(विमूढ़ सी)** इस लड़की का भेजा ही फिर गया है।**(स्वतः)** कहीं किसी ने कुछ खिला पिला तो नहीं दिया?

माधुरी : ममी, बातों में मैं भूल ही गयी। तुमको एक खुश खबरी देना चाहती थी।

पत्नी : **(संशय से)** कैसी खुशखबरी?

माधुरी : मैं माँ बनने वाली हूँ।

पत्नी : तू माँ बनने वाली है?**(एक दम रोकर)** हे भगवान, अब क्या होगा? मुंह जली, यह खुशखबरी है? बिना बियाह हुए ही माँ—?

माधुरी : तो क्या हुआ?

पत्नी : कुछ हुआ ही नहीं?

माधुरी : ईसा की माँ, मेरी का भी तो व्याह नहीं हुआ था।

पत्नी : करमखोटी, अब कानून सिखाती है। बोल कौन है वह? कौन है वह?

माधुरी : कौन?

पत्नी : उसका बाप (**माधुरी उत्तर नहीं देती**) बता। बता। (**बांहें झकझोरती हुए**) बता। बता न।

माधुरी : (**लापरवाही से**) कोई भी हो । क्या फर्क पड़ता है।

पत्नी : (**विवश क्रोध के शिथिल हाथों से मारती हुई**) बताती है या नहीं–

माधुरी : तुम तो बहुत परेशान करती हो। रैमी है बस!

पत्नी : रैमी! वही लड़का जो अभी –? (**आशंका से**) अगर उसने इन्कार किया तो?

माधुरी : यह तो और भी अच्छी बात होगी। (**पत्नी आश्चर्य से मुँह देखती है**) क्योंकि तब मेरे बच्चे का पिता ईश्वर होगा। (**हंसकर ताली बजाती हुई**) है न अच्छी बात?

पत्नी : (**एक क्षण आश्चर्य से माधुरी को देखती है, फिर रोने लगती है**) करमजली हंसती है। शरम से गड़ नहीं जाती! एकदम कलयुग आ गया है। (**घर के भीतर प्रस्थान**)

(**बाहर के दरवाज़े से आँखों पर रूमाल लगाये रोते हुए समीर का प्रवेश। वह रोता हुआ एक तरफ आकर बैठ जाता है।**)

माधुरी : सैमी, तुमको क्या हुआ?

(**समीर और फूट-फूट कर रोने लगता है।**)

माधुरी : आखिर बताओ तो। बताओ न। क्यों रो रहे हो?

समीर : मैंने बाहर से तुम्हारी और मम्मी की बातें सुन ली। (**फूटकर रोने लगता है।**)

माधुरी : लेकिन इसमें मेरी क्या गलती है। तुम तो सब कुछ खुद ही जानते हो–

समीर : मार्था, मुझे, तुमसे यह उम्मीद नहीं थी?

माधुरी : (**स्तंभित सी**) क्या?

समीर : मार्था तुमने मुझे कहीं का न रखा।

माधुरी : लेकिन भइया–

समीर : अब मैं दोस्तों को क्या मुँह दिखाऊंगा । उनके बीच कैसे गर्दन सीधी रख सकूंगा। तुमने मेरे सारे किये धरे,

मेरी सारी इज्जत पर पानी फेर दिया। **(फिर फूट कर रोने लगता है।)**

माधुरी : लेकिन भइय्या, मैने जो कुछ किया, तुम्हारी इजाज़त से किया। यह सब तो रिवोल्यूशन के लिए—

समीर : **(चिढ़कर, कठोरता से)** मत लो रिवोल्यूशन का नाम। तुम रिवोल्यूशन के नाम पर कलंक हो—

माधुरी : कैसे?

समीर : तुम्हें मालूम है कि तुम्हारे होने वाले बच्चे का पिता कौन है! यह है तुम्हारा रिवोल्यूशन? तुम्हारी जगह अमेरिकन लड़की होती, तो कभी भी नहीं बता पाती कि उसके होने वाले बच्चे का पिता कौन है। वह यह जान ही न पाती। यह है रिवोल्यूशन। **(एकदम रो कर)** मैं दोस्तों को क्या मुंह दिखाऊं? तुमने तो मेरी नाक काट दी।

माधुरी : भइया, मुझे माफ कर दो। मै अपनी गलती महसूस करती हूँ। रिवोल्यूशन की कसम भइय्या, रिवोल्यूशन की कसम, अगली बार यह गलती नहीं होगी।

(मंच पर अवतरित अंधकार में पूर्ण दृश्य विलुप्त हो जाता है, जो समय के अन्तराल का द्योतक है। कुछ क्षण पश्चात पुनः प्रकाश आता है। कुर्सी पर बैठी, माथे से हाथ लगाये माधुरी, तथा पास ही माथे पर हाथ रखे सोचते हुए समीर दिखाई पड़ते हैं। पुनः अंधकार और फिर जब प्रकाश आता है, तो दोनों पास बैठे, माथे पर हाथ रखे, सोचते दिखाई पड़ते हैं। फिर अंधकार, और उसके बाद प्रकाश में दोनों एक दूसरे की पीठ से लग कर बैठे, माथे पर हाथ रखे सोचते दिखाई पड़ते हैं फिर प्रकाश आने पर माधुरी सिद्धासन में ध्यान लगाये, तथा शीर्षासन करते समीर दिखाई पड़ते हैं। फिर अंधकार, और उसके बाद प्रकाश में दोनों अपनी जगह शिथिल से

गिरे पड़े दिखाई पड़ते हैं।)

समीर : एक हफ्ता हो गया–

माधुरी : सात दिन हो गये–

समीर : डैडी को खाना बन्द किये।

माधुरी : बिना ग्रास या पॉट के।

समीर : दो एक दिन तो दोस्तों ने खिलाया–

माधुरी : फिर उन्होंने छोड़ दिया।

समीर : शायद दरवाज़े पर विवेक खड़ा है।

माधुरी : भूखे पेट पर वह अक्सर आता है।

(पुनः अंधकार, और उसके बाद जब प्रकाश होता है, तो समीर ज़मीन पर लेटा, कुर्सी के ऊपर पैर रखे दिखाई देता है।पास ही अपने घुटनो पर रखी बाहों में मुँह में छिपाये माधुरी बैठी है।)

माधुरी : **(अचानक झटके से उठ कर)** मुझे अच्छा नहीं लगता। कुछ अच्छा नहीं लगता। **(रेकर्ड प्लेयर चला कर, उस पर झटकों के साथ हताश सी नृत्य करने लगती है।)**

समीर : स्टॉप इट! स्टॉप इट। **(खीझकर)** आइ सेड स्टॉप इट। **(माधुरी नृत्य करती रहती है। समीर वितृष्णस से रेकर्ड प्लेयर बन्द कर देता है।)**

माधुरी : **(समीर से)** यू आर नरवस। यू आर अपटाइट।**(व्यंग्य से समीर पर हँसती है।)**

समीरः **(चिढ़ कर)** डोन्ट बग मी।

(माधुरी हँसते हँसते रोने लगती है।)

समीर : **(पास जा कर)** बेबी चिक ! क्या हुआ?

माधुरी : कैट, मैं भूखी नहीं रह सकती।

(तब ही बाहर के द्वार से विवेक का प्रवेश)

समीर : विवेक!!!**(दौड़ कर विवेक के पास जाता है।)**

माधुरी : मैं भूखी नहीं रह सकती।

विवेक : मैं तुम दोनों को कुछ बताना चाहता था।

समीर : बताओ विवेक, बताओ।

विवेक : समाज से विद्रोह ग़लत नहीं। सच तो यह है कि विद्रोह से ही समाज की प्रगति होती है, लेकिन–

माधुरी : लेकिन?

विवेक : लेकिन ये हिप्पी कल्ट, परमिसिव सोसायटी, सेक्स रिवोल्यूशन– क्या सही मायने में विद्रोह कहलाने के लायक हैं? विद्रोह वही है जो सच्चा है, स्वयम्-अनुभूत है। नक़ल किया हुआ विद्रोह, विद्रोह का मज़ाक है। विद्रोह नहीं है। **(माधुरी समीर उसे देखते हैं)**

समीर : **(सोचता सा)** ठीक कहते हो।

माधुरी : मैं तुम से नफरत करती थी। आज तुम्हारी बात सही लगती है।

(तब ही प्रेक्षागृह के पीछे के द्वार से "राम नाम सत्य है"– कहते हुये, मुन्ना की लाश को कंधे पर लादे हुये, चौधरी वृद्ध इत्यादि प्रवेश करते हैं। वह लाश को मंच पर लेकर आते हैं। लाश रख कर, चारों लोग उसके पास बैठ कर विलाप करते हैं। समीर और माधुरी भी उनके साथ विलाप करते हैं–"हाय मेरे मुन्ना।" तब ही पीछे के द्वार पर विवेक दिखाई पड़ता है।)

विवेक : हम क्यों रोते हैं। विदेशियों की नक़ल करना, उसी में आश्वस्त और गर्वित अनुभव करना, यही तो हमारा राष्ट्रीय चरित्र है। हमारी राष्ट्रीय विरासत है।

यवनिका

इति

परिशिष्ट

हिप्पी शब्दावली

'ओह अमेरिका' नाटक में प्रयुक्त हिप्पी-शब्दावली का अर्थ निम्नलिखित है:—

एसिड : एल॰एस॰डी॰ (एम मादक रसायन)।
बॉल : मैथुन; स्त्रियों के संदर्भ में—पुरूष जननेन्द्रि का स्पर्श।
बग : परेशान करना।
कैट : पुरूष।
चिक : स्त्री या युवती।
क्रिस्टल : मिथेड्रीन (स्नायु-उत्तेजक रसायन)।
डू योर थिंग : अपने मनोनुकूल, अपनी इच्छानुसार कार्य करना।
फ़ैग : समलैंगिक पुरूष; स्त्रैण पुरूष।
फ़ंकी : अनाकर्षक; अप्रिय, रसहीन, पुराना, अरूचिकर।
ग्रास : मरज़ुआना या गाँजा।
ग्रूवी : श्रेष्ठ, सुखकारक।
जॉयन्ट : गांजे की सिगरेट।
एल॰एस॰डी॰ : एक मादक रसायन।
पैड : कमरा, मकान, फ्लैट, आश्रय-स्थान।
पॉट : मरजुआना (गाँजा)।
स्कवायर : जो हिप्पी न हो; साधारण परम्परानुगामी व्यक्ति।
स्ट्रेट : स्क्वायर।
ट्रिप : अनुभव।

अनकूल : अज्ञानी, मूढ़, मूर्ख।

अपटाइट : चिन्तापुर, तनावमय, 'नरवस'।

ज़ैप : किसी चीज से मारना, मारकर बेहोश कर देना।

ज़ौन्क : शराब के नशे में धुत्त हो जाना।

नाटक से

श्याम : ब्लडी .फूल! न इण्डियन आदमी में अकल न औरत में। इंगलैंड से लाई फ्रॉक इस तरह फेंक दी जैसे इण्डियन हो। कितने अरमान से लाया था। सोचा था तुम इसे पहनोगी तो तुमसे 'लव' करूंगा।

पत्नी : एक बात पूछूँ? प्यार को 'लव' कहने से कुछ और होता है, जो प्यार में नहीं होता?

* * *

श्यामलाल : (प्लेकार्ड ऊपर उठाकर पढ़ते हुए) 'ऑलमॅन आर वन, फ़क हेट'।

पत्नी : (दूसरा प्लेकार्ड उठाकर पढ़ते हुए) मेक 'लव नो वार'। (तीसरा प्लेकार्ड पढ़ते हुए) 'माई यूटेरस इज़ नो पब्लिक प्रापर्टी, लीगेलाइज़ अर्बोशन'।

* * *

समीर : एलन गिन्सबर्ग से किसी ने पूछा – न्यूडिटी क्या है? उसने हज़ारों के मजमें में पतलून उतार कर कहा–दिस इज न्यूडिटी। किसी हिन्दुस्तानी में है इतनी हिम्मत।

* * *

माधुरी : अमरीकी औरतों जैसी हिम्मत भला इंडियन औरतों में हो सकती है? इसाडोरा डंकन से किसी ने पूछा

सुन्दरता क्या है? जानती हो उसने क्या जवाब दिया? उसने अपना ब्लाउज़ फाड़ कर कहा – यह है सुंदरता।

* * *

माधुरी : एक खुश खबरी है। मैं माँ बनने वाली हूँ।

माँ : तू माँ बनने वाली है? *(रोकर)* हे भगवान! अब क्या होगा? मुँहजली, यह खुशखबरी है? बिना ब्याह हुए ही माँ–?

माधुरी : तो क्या हुआ।

माँ : कुछ हुआ ही नहीं?

माधुरी : ईसा की माँ, मेरी का भी तो ब्याह नहीं हुआ था।

* * *

विवेक : काबुल गए, मुगल होय आये, बोले मुगली बानी।
आब–आब कर मर गए मुन्ना, खटिया तले था पानी।

* * *

विवेक : विदेशियों की नक़ल करना, उसी में अश्वास्त और गर्वित अनुभव करना, यही तो हमारा राष्ट्रीय चरित्र है। हमारी राष्ट्रीय विरासत है।